U0811402

诚信内蒙古建设

——政务诚信篇——

本书编写组

内蒙古人民出版社

图书在版编目（CIP）数据

诚信内蒙古建设．政务诚信篇 / 本书编写组编．-- 呼和浩特：内蒙古人民出版社，2024.3
（诚信内蒙古建设丛书）
ISBN 978-7-204-18041-7

Ⅰ．①诚… Ⅱ．①本… Ⅲ．①地方政府－行政管理－研究－内蒙古 Ⅳ．①D648

中国国家版本馆 CIP 数据核字(2024)第 057283 号

诚信内蒙古建设·政务诚信篇

作　　者	本书编写组
责任编辑	王　静　王　曼
封面设计	刘那日苏
内文插画	海日瀚
出版发行	内蒙古人民出版社
地　　址	呼和浩特市新城区中山东路 8 号波士名人国际 B 座五楼
网　　址	http://www.impph.cn
印　　刷	内蒙古恩科赛美好印刷有限公司
开　　本	880mm × 1230mm　1/32
印　　张	4.5
字　　数	63 千
版　　次	2024 年 3 月第 1 版
印　　次	2024 年 3 月第 1 次印刷
书　　号	ISBN 978-7-204-18041-7
定　　价	19.00 元

如出现印装质量问题，请与我社联系。
联系电话：（0471）3946120

前　言

习近平总书记指出，“‘诚信’，就是重规则、守契约、讲信用、言必信、行必果”，“‘人而无信，不知其可’；企业无信，则难求发展；社会无信，则人人自危；政府无信，则权威不立”。这些重要论述深刻阐明了诚信的基本内涵和诚信建设的重要性，为社会信用体系建设指明了方向、提供了遵循。

自治区党委十一届七次全会暨全区经济工作会议强调，要聚焦完成“五大任务”，坚持稳中求进、以进促稳、先立后破，全力抓好事关高质量发展的重点任务。全会提出，要实施好对全区经济发展和民生改善具有支撑性、牵引性、撬动性作用的“六个工程”，其中之一就是诚信建设工程。自治区党委把2024年确定为“诚信建设提升年”，将用一年时间在全区范围内持续推进诚信建设促进行动，建立健全诚信建设制度机制，推动各级党委和政府信守承诺，统筹推进政务诚信、商务诚信、社会诚信、司法公信建设，引导全社会不断提高诚信意识，树立内蒙古人讲诚信、守信用的正面形象。

为帮助全区广大党员干部深刻理解和系统把握习近平总书记关于诚信建设的重要论述和对内蒙古的重要指示精神，全面贯彻落实自治区党委关于诚信建设的安排部署，自治区党委宣传部组织自治区有关部门和专家学者编写了《诚信内蒙古建设》系列读物。

读物坚持以习近平新时代中国特色社会主义思想为指导，聚焦自治区党委提出的“一个加强、四个提升”工作部署，紧紧围绕贯彻落实《关于在全区开展诚信建设工程的实施方案》，对推进政务诚信、商务诚信、社会诚信、司法公信建设进行深入浅出的阐释解读。读物既致力于讲清政务诚信、商务诚信、社会诚信、司法公信建设“是什么”，又致力于讲透政务诚信、商务诚信、社会诚信、司法公信建设“为什么”，既客观描述“怎么看”我区在诚信建设各领域取得的成就，又结合区情实际探索今后诚信建设各领域“怎么办”，力求做到阐释理论清晰明了、总结成就客观中肯、提出举措务实具体、呈现形式新颖活泼。

新征程新使命呼唤新担当新作为。全区广大党员干部要坚持以习近平新时代中国特色社会主义思想为指导，紧紧围绕中国式现代化的本质要求，以铸牢中华民族共同体意识为主线，以社会主义核心价值观为引领，以中华优秀传统文化为根基，以提高全社会诚信意识和诚信水平为支撑，以持续优化营商环境为目标，扎实推进信用理念、信用制度、信用手段与国民经济体系各方面各环节相融合，引导全社会守信践诺，为办好两件大事，实现闯新路、进中游目标提供有力支撑。

目录

Contents

第一章 政务诚信概述

习语金句

“人而无信，不知其可”；企业无信，则难求发展；社会无信，则人人自危；政府无信，则权威不立。

——习近平《努力打造“信用浙江”》（2003年9月15日）（选自《之江新语》，浙江人民出版社2007年版）

引经据典

信，国之宝也。

——《左传》

四患既蠲，五政又立，行之以诚，守之以固，简而不怠，疏而不失，无为为之，使自施之，无事事之，使自交之。不肃而成，不严而化，垂拱揖让，而海内平矣。是谓为政之方。

——《后汉书》

为国之基，必资于德礼；君之所保，惟在于诚信。诚信立则下无二心，德礼形则远人斯格。然则德礼诚信，国之大纲，在于君臣父子，不可斯须而废也。故孔子曰："君使臣以礼，臣事君以忠。"又曰："自古皆有死，民无信不立。"文子曰："同言而信，信在言前；同令而行，诚在令外。"然则言而不行，言无信也；令而不从，令无诚也。不信之言，无诚之令，为上则败德，为下则危身。虽在颠沛之中，君子之所不为也。

——《贞观政要》

一、政务诚信的涵义

政务诚信是政府部门（含机关及事业单位）及公职人员在执行公共权力、履行对公众责任的过程中，遵循诚实守信的行为规范，以确保公共权力运作的公正和透明。政务诚信就是要坚持立党为公、执政为民的基本宗旨，取信于民。政务诚信涉及党政机关是否具有执行力和公信力，是否建立了诚信履约机制，是否能将出台的政策法规贯彻落实到位，作出的承诺是否兑现到位，签订的合同协议是否履行到位，失信惩戒机制是否形成并运行，以及公职人员诚信教育是否落实在培训、录用、考核和奖励等环节。行政管理权力保持良好的运行状态，可以维护社会公平正义，而民众通过感受、认知行政管理行为，对其产生认可和肯定。只有两者达成一致，才能够产生政务诚信。

二、政务诚信的具体内容

（一）依法行政

依法行政是建设法治政府的基础。行政权只有在制度的笼子里运行，才能够切实保障和维护公民的合法权利。依法行政就是要依照宪法和法律规定，将各级政府机构、职能、权限、程序、责任法定化，全面依法履行政府职能。健全依法行政制度体系，深化行政体制改革。健全依法决策机制，将公众参与、专家论证、风险评估、合法性审查、合规性审核、公平竞争审查、集体讨论决定等作为重大决策的法定程序。按照权力和责任清单制度要求，切实做到依法执行和依法监督。通过健全行政执法体制，细化、量化执法自由裁量权，严格执行过错责任追究制和执法行为考评制，提升行政管理效能。各级人民政府和公务员要始终坚持依法治国、依法行政，切实履行法定职责必须为、法无授权不可为的要求。

（二）政务公开

推进阳光行政，在保护国家信息安全、国家秘密、商业秘密和个人隐私的前提下，通过政府网站、政务微博微信、政务客户端等途径依法公开政务信息，加快推进决策、执行、管理、服务和结果全过程公开，提高政策的透明度、精准度、识别度、协同性、稳定性，让权力在阳光下运行。

制定法律法规、规章和规范性文件要广泛征求社会意见。严格依法依规开展招商引资、政府采购、招标投标等工作，充分体现公开、公平、公正。持续推进“双公示”工作。公示行政许可和行政处罚等信用信息，是打造透明政府和公信政府的重要体现，是促进简政放权、实现放管结合、切实转变政府职能的有效手段，也是全区营商环境指标考核的重要内容。

（三）勤政高效

通过优化行政流程，清理、削减和调整行政审批事项，推行网上服务、并联服务和服务质量公开承诺等措施，整合归集各类投诉举报平台，利用12345政务服务便民热线等受理渠道互联互通，建立政务诚信信息管理平台，不断提高服务群众的效率和质量。

（四）守信践诺

将公平正义作为政务诚信的基本准则，在行政管理和公共服务的各领域贯彻公平正义原则。各级人民政府和公务员要清正廉洁、恪尽职守、敢于担当。同时建立健全守信践诺机制，准确记录并客观评价各级人民政府和公务员对职权范围内行政事项以及行政服务质量承诺、期限承诺和保障承诺的履行情况。对政府失信行为大排查、大起底。梳理是否存在政府部门不兑现承诺、新官不理旧账、轻诺寡信、宰商骗商、违约毁约、拖欠民营企业账款等政府失信行为，并进行集中整治。各级人民政府在债务融资、政府采购、招标投标等市场交易领域要诚实守信，严格履行各项约定义务，为全社会作出表率。

相关链接

信用的种子如何生根？诚信的力量何以生长？对政府而言，诚信是执政之要，要“言必信、行必果”和新官必理旧账，从完善机制入手，立足当下，着眼长远，健全守信践诺机制。

2023年，内蒙古印发《内蒙古自治区关于构建诚信建设长效机制全面推进社会信用体系建设高质量发展的实施意见》，从5个方面27个领域提出了各地各部门的具体任务及保障措施。全区上下立即行动起来，在落细、落小、落实上下功夫，齐心协力让诚信变为有形的资产、成为深入人心的习惯，让诚信的力量在北疆大地不断攀升。

文章来源：《内蒙古日报》2023年12月6日（节选）

（五）公职人员诚实守信

公职人员要始终坚守信仰，自觉抵制各种诱惑，以公正、公平、公开的态度处理事务，树立诚信理念、规则意识和契约精神，自觉加强诚信教育。在日常工作生活中，要以诚信为本，言必信、行必果，做到诚实待人、守信做事，以诚立身，以信示人，以高效、廉洁、公正的服务回馈人民。

典型案例

2023 年自治区十大诚信人物——邢志强

邢志强，国家税务总局乌海市税务局第一稽查局三级主办，自 1987 年参加工作以来，参与破获重大案件近百起，案值 200 多亿元，为国家挽回经济损失 20 多亿元，用实际行动守护着诚信公平的营商环境，践行着为国聚财、为民收税的时代使命。

2014 年开始，国家税务总局要求查处涉税大案要案时，都要采取异地协作办案方式。至今，他每年都要在外地办案 9 个多月。

2016 年是邢志强距离危险最近的一次。当时，邢志强被国家税务总局派往某专案工作组，参加国家税务总局、公安部、海关总署、中国人民银行联合开展

食”“足兵”和“民信”作为治国的三大法宝，他认为三者之中“民信”最重要。“民信”即公信力，它有助于保持良好的政务关系和公共秩序，是国家治理能力的重要体现。

知识链接

《论语》中强调了国对民的政务诚信，其中有段孔子与子贡的对话。

子贡问政，子曰：“足食，足兵，民信之矣。”子贡曰：“必不得已而去，于斯三者何先？”曰：“去兵。”子贡曰：“必不得已而去，于斯二者何先？”曰：“去食。自古皆有死，民无信不立。”

政务诚信建设是中国共产党和人民政府取信于民、保持政治公信力的实践活动。政务诚信是立党为公、执政为民和求真务实作风的集中体现，也是提升党和政府号召力和战斗力的集中体现。政务诚信是社会信用体系的重要组成部分，是社会信用的风向标。政府在信用建设中具有表率作用，直接影响政府形象和公信力。政务部门只有保持良好的社会形象，才能为商务活动、公共行为和司法实践提供良好的榜样作用。

加强政务诚信建设是落实“四个全面”战略布局的关键环节，是深化简政放权、放管结合、优化服务改革和加快转变政府职能、提高政府效能的必然要求，对于进一步提升政府公信力、引领其他领域信用建设、弘扬诚信文化、培育诚信社会具有重要而紧迫的现实意义。深入开展政务诚信建设，有利于建立健全以信用为核心的新型市场监管机制，推进供给侧结构性改革；有利于建立一支守法守信、高效廉洁的公务员队伍，树立政府公开、公正、诚信、清廉的良好形象；有利于营造风清气正的社会风气，培育良好的经济社会发展环境，为实现中国式现代化奠定基础。

相关链接

擦亮诚信这张名片

——四谈全力抓好“六个工程”

实现今年经济目标必须大抓招商引资，招商关键是要有一个好的营商环境，好的营商环境首先是讲信用、守信用。各级党委和政府要按照自治区党委十一届七次全会暨全区经济工作会议提出的要求，全力抓好诚信建设工程。

政务诚信是诚信建设的“风向标”和“定盘星”，党委和政府以身作则、率先垂范，才能让诚实守信在全社会蔚然成风。各级党委和政府要在讲信用、守信用上作表率，带头说到做到、新官理旧账，不管是之前欠下的钱还是答应的事，都要“兑现”。不开空头支票，不轻诺寡信，不管是抓招商引资还是做民生工作，都要掂量清楚了再说话，做不到的就不要信口开河，不能把答应给的馒头变成红薯。

诚信建设是一个系统工程，需要建章立制，更需要久久为功。要以开展诚信建设促进行动为契机，建立健全制度机制，规制、引导全社会诚实守信。要在抓好政务诚信的同时，统筹推进商务诚信、社会诚信、司法公信建设。这些都做好了，内蒙古人讲诚信、守信用的正面形象就立起来了。

人无信不立，业无信不兴。讲诚信、守信用，才能赢得无限商机。拿出打造一流营商环境的决心和行动，对标先进、锐意改革、建章立制，在全区上下营造出履约践诺、诚实守信的社会氛围，内蒙古定将吸引来更多的投资和项目、汇聚更多的商气和人气，为经济社会高质量发展提供更加强劲的动能。

文章来源：《内蒙古日报》2024 年 1 月 5 日

（二）政务诚信是对中华优秀传统文化的继承与发展

诚信是中华民族的传统美德。自古以来，诚信就是立身之本、为政之德、经商之道。管子提出“先王贵诚信。诚信者，天下之结也”。管子认为心存诚信是治理天下的关键。商鞅把“诚信”视为治国的重要手段。他认为“国之所以治者三：一曰法，二曰信，三曰权”，于是有了“立木取信”来推动改革的故事。韩非子也曾说：“巧诈不如拙诚。”他认为能帮助国君成就霸业之人，必须是“少欲而多信”，这样的人才能服众，才能亲近邻国。

中华民族诚信治国的历史传统对当代中国治理能力现代化具有十分重要的启示。政府既是社会信用制度的制定者，也是社会信用制度的执行者和维护者，更是社会信用的示范者，在社会诚信的建设中起着主导作用。

相关链接

商鞅立木为信

战国时期，商鞅在秦国推行改革，他通过“立木为信”建立了法律制度在民众心中的威信。《史记·商君列传》中记载：“令既具，未布，恐民之不信，已乃立三丈之木于国都市南门，募民有能徙置北门者予十金。民怪之，莫敢徙。复曰‘能徙者予五十金’。有一人徙之，辄予五十金，以明不欺。卒下令。”

商鞅起草了一项改革的法令，但是怕老百姓不信任他，不按照新法令去做，于是先叫人在都城的南门竖了一根三丈高的木头，下命令说：“谁能把这根木头扛到北门去，就赏十金。”不一会儿，南门口围了一大堆人，大家议论纷纷。有的说："这根木头谁都能拿得动，哪儿用得着十金？"有的说："这大概是左庶长成心开玩笑吧。"大伙儿你瞧我，我瞧你，就是没有一个人敢上去扛木头。

商鞅知道老百姓还不相信他的话，于是把赏金提到五十金。没有想到，赏金越高看热闹的人越觉得不近情理，所以还是没人敢去扛。正在大伙儿议论纷纷的时候，人群中有一个人跑出来，说："我来试"他把木头扛起来就走，一直扛到北门。商鞅立刻派人传出话来，赏给扛木头的人五十金。这件事立即传开，一下子轰动了秦国。老百姓说：左庶长的话不含糊。

商鞅这一举动，在百姓心中树立起了威信，"立木建信"成为商鞅变法的突破点，确保了新法的顺利实施，新法使秦国渐渐强盛，最终统一了中国。

文章来源：《传统文化与国家治理现代化》

（三）政务诚信建设是社会信用体系建设的基石

"政莫大于信，治莫大于仁。"政府、政务人员等作为社会信用的重要主体，在诚信社会建设过程中具有不可替代的基础性、示范性、引领性作用。政务诚信与否，关系到政府与公众之间社会契约的履行效果，更关系到企业、个人等其他社会信用主体的利益获取与情感认知。政府朝令夕改，官员言而无信，就无法与企业、个人等其他社会主体之间构筑起相对牢固的互信机制，更谈不上形成较为稳定的长期预期，以减少社会交往的成本。换言之，政务诚信建设具有显著的“元治理”示范效应，各类政务行为主体带头言而有信，讲诚信、重承诺，才能取信于民，赢得民众的认同与支持，进而带动、引领整个社会诚信氛围的养成。

延伸阅读>

1.《中国共产党内蒙古自治区第十一届委员会第七次全体会议公报》。

2.《内蒙古自治区关于构建诚信建设长效机制全面推进社会信用体系建设高质量发展的实施意见》。

第二章

内蒙古政务诚信建设取得的成就

习语金句

各级政府必须坚持在党的领导下、在法治轨道上开展工作，加快建设职能科学、权责法定、执法严明、公开公正、廉洁高效、守法诚信的法治政府。

——习近平2014年10月20日在党的十八届四中全会上作的《关于〈中共中央关于全面推进依法治国若干重大问题的决定〉的说明》

引经据典

上好礼，则民莫敢不敬；上好义，则民莫敢不服；上好信，则民莫敢不用情。

——《论语》

自古驱民在信诚，一言为重百金轻。

——《商鞅》

在“十三五”期间和“十四五”开局之初，自治区坚持“创新、协调、绿色、开放、共享”的新发展理念，围绕政府依法行政、勤政高效、守信践诺和信用建设的目标，深化“放管服”改革、加快政府职能转变和优化营商环境等重点改革任务，将危害群众利益、损害市场公平等政务失信行为的治理作为政务诚信建设的工作重点，将考核约束和多方监督作为推动政务诚信建设的重要手段，全面推进政务诚信建设各项工作，初步建成了以健全信用法规制度和标准体系为基础，以覆盖全区所有社会主体、所有行业领域的信用信息系统为支撑，为社会信用体系提供重要保障的政务诚信建设体系。

一、法规政策体系日臻完善 政务诚信建设保障有力

（一）法规先行为政务诚信保驾护航

近年来，党中央、国务院对优化营商环境、提升政务诚信水平进一步提出明确要求。2022 年修订的《中华人民共和国地方各级人民代表大会和地方各级人民政府组织法》，以法律形式要求地方各级人民政府坚持诚信原则，加强政务诚信建设，建设诚信政府。2020 年 1 月，国务院印发《优化营商环境条例》，提出通过推动政府职能转变，加快营造稳定公平透明、可预期的营商环境。

2021 年 3 月，自治区出台了第一部关于社会信用体系建设的地方性法规《内蒙古自治区公共信用信

息管理条例》（以下简称《条例》），这标志着自治区信用体系建设迈入了法治化、规范化的高质量发展新阶段。《条例》规定了公共信用信息实行目录管理，将公共信用信息划分为基础信息、增信信息、

立法目的

为了规范公共信用信息管理，维护信息主体合法权益，促进社会信用体系建设，优化营商环境，弘扬社会主义核心价值观，构建诚信社会，根据国家有关法律、法规，结合自治区实际，制定本条例。

适用范围

自治区行政区域内从事公共信用信息归集、披露、应用及其管理和服务活动，适用本条例。

什么是“公共信用信息”？

国家机关、法律法规授权的具有管理公共事务职能的组织在依法履行职责、提供公共服务过程中产生或者获取的可以识别、分析、判断具有完全民事行为能力的自然人、法人和非法人组织信用状况的客观数据和资料。

责任分工

· 旗县级以上人民政府 ·

负责将社会信用体系建设纳入国民经济和社会发展规划，统筹推进本行政区域内各行业、各领域的公共信用建设，建立公共信用信息管理工作机制，协调解决公共信用信息管理工作中的重大问题。

· 旗县级以上人民政府公共信用信息主管部门 ·

负责本行政区域内公共信用信息的综合协调和监督管理。

· 所属公共信用信息工作机构 ·

负责公共信用信息目录的编制、数据标准的制定和公共信用信息的归集、披露、应用、服务等工作。

· 自治区政务数据资源管理机构 ·

负责自治区公共信用信息的归集、整理工作。

· 旗县级以上人民政府有关部门 ·

按照各自职责，做好公共信用信息相关管理工作。

自治区社会信用信息平台是全区公共信用信息的统一管理平台。

公共信用信息归集

1. 归集自然人的公共信用信息，以居民身份证号码作为关联匹配标识。

2. 归集法人和非法人组织的公共信用信息，以统一社会信用代码作为关联匹配标识。

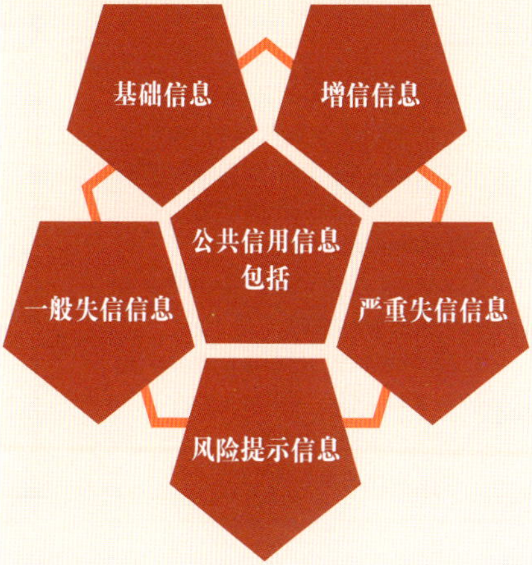

公共信用信息披露方式

· 公开披露 ·

依照法律、法规规定应当公开发布的公共信用信息由公共信用信息工作机构公开披露。

· 政务共享 ·

国家机关、法律法规授权的具有管理公共事务职能的组织在依法履行职责过程中使用公共信用信息的，可以以政务信息共享的方式获取。

· 授权查询 ·

信息主体享有查询自身信用信息的权利。经信息主体授权，可以查询、使用信息主体授权范围内的公共信用信息。

公示期限自**涉及失信行为的行政处罚决定生效或者失信行为被认定之日**起计算。

信息主体的失信信息、风险提示信息公示期限最长不超过**三年**。

向社会公开披露公共信用信息应当符合法律、法规的规定，对涉及国家秘密、商业秘密和个人隐私以及法律、法规规定不得公开的内容应当保密，不得披露。

守信联合激励和失信联合惩戒措施实行**清单制管理**。

对**信用状况良好信息主体**的激励措施

（一）在行政许可、行政确认、日常监督管理等行政管理和公共服务过程中，给予优先办理、容缺受理、减少检查频次等便利服务；

（二）在实施财政性资金或者项目安排、招商引资配套优惠政策、融资服务等各类优惠政策中，同等条件下优先列为选择对象；

（三）在政府采购、招标投标等公共资源交易活动中，依法给予信用加分、提升信用等次等待遇；

（四）在教育培训、就业创业、社会保障等领域给予重点支持、资金补贴等扶助；

（五）在“信用中国（内蒙古）”网站或者相关媒体上宣传推介；

（六）法律、法规规定的其他激励措施。

对**一般失信信息主体**的惩戒措施

（一）在行政许可、行政确认等行政管理和公共服务过程中，列为重点审查对象，不予适用告知承诺等简化程序；限制享受相关便利化措施，取消已经享受的便利化措施；

（二）不予享受财政资金补助或者项目支持以及融资服务、招商引资配套优惠等各类优惠政策；

（三）在政府采购、招标投标等公共资源交易活动中，依法给予信用减分、降低信用等次；

（四）在日常监督管理中，列为重点监督管理对象，增加检查频次，加强现场检查；

（五）不予列入各类免检、免审范围；

（六）法律、法规规定的其他惩戒措施。

对**严重失信信息主体**的惩戒措施

（一）实施市场和行业禁入措施；

（二）限制新增项目许可；

（三）限制参与基础设施和公用事业特许经营；

（四）限制申请财政性资金项目；

（五）限制参与有关公共资源交易活动；

（六）限制开展相关金融业务；

（七）限制相关任职资格；

（八）限制高消费活动；

（九）限制获得或者取消荣誉称号、评先评优资格；

（十）法律、法规规定可以采取的其他惩戒措施。

一般失信信息、严重失信信息和风险提示信息五类，并明确了各类信息的具体含义和范围；明确规定政府部门应当在依法履职的过程中查询公共信用信息，鼓励市场主体在经营活动中依法依规应用公共信用信息；对开展守信激励和失信惩戒也进行了规定。《条例》的出台为弘扬社会主义核心价值观、构建诚信社会、优化营商环境提供了重要的法律依据，为自治区开展政务诚信建设提供了指引和方向。

（二）规划引领为信用工作谋划全局

2014 年，国务院印发《社会信用体系建设规划纲要（2014—2020 年）》（以下简称《纲要》）。这是我国首部国家级社会信用体系建设专项规划，对加快建设社会信用体系、构筑诚实守信的经济社会环境提出了明确要求。《纲要》指出，社会信用体系建设要在“政务诚信、商务诚信、社会诚信和司法公信”四大重点领域着力，重点做好 34 个方面的具体任务，并提出了三大基础性措施。随后，中央文明委发布《关于推进诚信建设制度化的意见》，为进一步加强诚信建设营造出良好的社会舆论环境，并勾画出推进诚信建设制度化的目标任务和实现路径。2019年，中共中央、国务院印发《新时代公民道德建设实施纲要》，要求推动道德实践养成，加快政务诚信建设，构建覆盖全社会的征信体系。

为贯彻落实国家的重要部署，2016年内蒙古自治区人民政府办公厅印发《内蒙古自治区“十三五”时期社会信用体系建设规划》，要求加快政务诚信建设，在重点领域中提出了政务诚信建设方案。2021年，内蒙古自治区人民政府办公厅印发《内蒙古自治区“十四五”社会信用体系建设规划》（以下简称《规划》），为“十四五”时期全面构建与自治区高质量发展相适应的社会信用体系绘就了宏伟蓝图。《规划》要求深入开展政务诚信建设，围绕重点领域推动各级人民政府及其职能部门依法行政、诚实守信，严格履行各项约定义务，健全政府守信践诺机制，建立政府失信责任追究制度，深入开展公务员诚信教育，开展政务诚信评价。

（三）配套制度为信用工作谋深谋实

2016 年，国务院出台《关于加强政务诚信建设的指导意见》，明确在坚持依法行政、政务公开、勤政高效、守信践诺及失信惩戒的原则下，建立广泛有效的政务诚信监督体系，建立健全政务信用管理体系，特别提出加强重点领域政务诚信建设，发挥政府在社会信用体系建设中的表率作用，提升政府公信力，推进国家治理体系和治理能力现代化。2017 年，国家发展和改革委员会印发《〈国务院关于加强政务诚信建设的指导意见〉重点任务分工及进度安排》，对贯彻落实国务院政务诚信“指导意见”，开展政务诚信重点任务分工及进度安排作出重要部署。后续国务院陆续出台了相关指导意见深化政务诚信建设。

为落实国务院工作部署，自治区先后印发《内蒙古自治区人民政府关于加快社会信用体系建设的意见》《内蒙古自治区公共信用信息管理办法》《内蒙古自治区加强政务诚信建设的实施方案》《内蒙古自治区盟市政务诚信监测评估管理办法（试行）》《内蒙古自治区党委 自治区人民政府关于构建亲清新型政商关系的意见》《内蒙古自治区关于构建诚信建设长效机制全面推进社会信用体系建设高质量发展的实施意见》《内蒙古自治区关于完善政府诚信履约机制优化民营经济发展环境的实施方案》《关于进一步加强“双公示”和“5类行政管理信息”归集报送工作的通知》等文件，制定《信用信息征集共享管理规范》《企业综合信用等级评价规范》等地方标准，印发《内蒙古自治区盟市政务诚信评估指标》，围绕依法行政、勤政高效、守信践诺等6个方面细化了评估指标和要求。全区各地各部门除积极落实自治区工作部署外，还在规划制定和制度建设方面进行了大胆实践，制定形成了一批地区和行业性规划计划和制度规范，多层次的政策制度体系已经形成并日益完善。

特别关注

政务诚信的法律规范与政策依据

1 国家层面

时间	文件名	主要内容	
2014 年	《社会信用体系建设规划纲要(2014—2020 年)》	这是我国首部国家级社会信用体系建设专项规划，对加快建设社会信用体系、构筑诚实守信的经济社会环境提出明确要求。	
2014 年	《中共中央关于全面推进依法治国若干重大问题的决定》	要加强社会诚信建设，健全公民和组织守法信用记录，完善守法诚信褒奖机制和违法失信行为惩戒机制，使尊法守法成为全体人民共同追求和自觉行动。	
2016 年	《国务院关于加强政务诚信建设的指导意见》	在坚持依法行政、政务公开、勤政高效、守信践诺及失信惩戒的原则下，建立广泛有效的政务诚信监督体系，建立健全政务信用管理体系，特别加强重点领域政务诚信建设，发挥政府在社会信用体系建设中的表率作用，提升政府公信力，推进国家治理体系和治理能力现代化。	

续表

时间	文件名	主要内容	
2017 年	《〈国务院关于加强政务诚信建设的指导意见〉重点任务分工及进度安排》	对贯彻落实国务院政务诚信“指导意见”，开展政务诚信重点任务分工及进度安排作出重要部署。	
2018 年	《国家发展改革委办公厅关于进一步完善行政许可和行政处罚等信用信息公示工作的指导意见》	提出完善“双公示”信息数据标准规范，夯实“双公示”工作信息化支撑基础，优化“双公示”信息开发应用，建立“双公示”长效评估和考核机制，完善“双公示”信息主体权益保护机制，加强个人隐私和信息安全保护。	
2018 年	《国务院办公厅关于聚焦企业关切进一步推动优化营商环境政策落实的通知》	要求各地各部门要把政府诚信作为优化营商环境的重要内容，建立健全“政府承诺＋社会监督＋失信问责”机制。	
2019 年	《国务院关于在市场监管领域全面推行部门联合“双随机、一公开”监管的意见》	将“双随机、一公开”作为市场监管的基本手段和方式，除特殊重点领域外，原则上所有行政检查都应通过双随机抽查的方式进行，取代日常监管原有的巡查制和随意检查，形成常态化管理机制。	

续表

时间	文件名	主要内容	
2019年	《优化营商环境条例》	以行政法规的形式确立了国家加强社会信用体系建设，持续推进政务诚信、商务诚信、社会诚信和司法公信建设的基本思路。	
2019年	《新时代公民道德建设实施纲要》	要求推动道德实践养成，加快政务诚信建设，构建覆盖全社会的征信体系。	
2020年	《中共中央 国务院关于新时代推进西部大开发形成新格局的指导意见》	要求加强政务诚信建设，建立政务诚信监测治理体系，建立健全政府失信责任追究制度。	
2020年	《中共中央 国务院关于新时代加快完善社会主义市场经济体制的意见》	要求加强政务诚信建设，建立政务诚信监测治理体系，建立健全政府失信责任追究制度。	

续表

时间	文件名	主要内容	
2021 年	《内蒙古自治区国民经济和社会发展第十四个五年规划和 2035 年远景目标纲要》	要求全面开展政务诚信评价和旗县（市区）信用监测。	
2021 年	《内蒙古自治区人民政府办公厅关于印发全面推行“蒙速办·一网办”“蒙速办·掌上办”“蒙速办·一次办”“蒙速办·帮您办”工作实施方案的通知》	对“蒙速办”一网办、掌上办、一次办、帮您办作出规定，提升政务服务效能。	
2021 年	《内蒙古自治区公共信用信息管理条例》	自治区第一部社会信用建设方面的地方性法规，对公共信用信息的归集、披露、查询、应用、安全管理、信用主体的权益保护作出了相应要求和规定。	

续表

时间	文件名	主要内容	
2021 年	《内蒙古自治区深化“证照分离”改革进一步激发市场主体发展活力实施方案》	对中央层面 523 项及自治区范围内设定的 18 项涉企经营许可事项，按照直接取消审批、审批改为备案、实行告知承诺、优化审批服务四种方式分类实施审批制度改革，大力推动照后减证，着力构建简约高效、公正透明、宽进严管的行业准营规则，进一步优化营商环境、激发市场主体发展活力。	
2021 年	《内蒙古自治区“十四五”社会信用体系建设规划》	要求深入开展政务诚信建设，围绕重点领域推动各级人民政府及其职能部门依法行政、诚实守信。	
2021 年	《内蒙古自治区加强政务诚信建设的实施方案》	从总体要求、工作任务和保障措施方面对政务诚信提出要求。	
2021 年	《内蒙古自治区行政执法责任制规定》	对推进严格规范公正文明执法作出明确要求。	

续表

时间	文件名	主要内容	
2022 年	《内蒙古自治区以更优营商环境服务市场主体行动方案》	要求强化政府诚信建设，构建信用新型监管体系，营造诚信守法新环境。	
2022 年	《内蒙古自治区盟市政务诚信监测评估管理办法(试行)》	对盟市政务诚信监测评估的方法与要求作出细化要求，并明确了评估指标和评价标准。	
2022 年	《内蒙古自治区人民政府关于加快推进政务服务标准化规范化便利化的实施意见》	列举了推进政务服务标准化、规范化、便利化的举措。	
2022 年	《内蒙古自治区贯彻〈法治中国建设规划(2020—2025 年)实施方案〉》	要求加强政务诚信建设，完善政务诚信评价标准，健全政务诚信监督、考核、奖惩等制度，督促政府及其部门严格兑现向社会及行政相对人依法作出的政策承诺，认真履行与投资主体依法签订的各类合同。	

续表

时间	文件名	主要内容	
2022 年	《内蒙古自治区党委 自治区人民政府关于构建亲清新型政商关系的意见》	对加强招商引资领域政务诚信建设，认真履行依法作出的政策承诺和签订的各类合同、协议，不得新官不理旧账等内容作出规定。	
2023 年	《内蒙古自治区关于构建诚信建设长效机制全面推进社会信用体系建设高质量发展的实施意见》	要求建立健全政府失信责任追究制度，完善治理拖欠账款等行为的长效机制。	
2023 年	《内蒙古自治区人民政府办公厅关于印发〈内蒙古自治区线下“全区通办”事项清单（156 项）〉的通知》	列举了线下“全区通办”事项清单、窗口支撑、事项对接和转办时限等内容。	
2023 年	《内蒙古自治区人民政府关于公布自治区本级部门权责清单（2023 年版）及取消下放目录的通知》	列举了内蒙古自治区本级部门权责清单保留目录和取消下放目录。	

续表

时间	文件名	主要内容	
2023 年	《内蒙古自治区行政规范性文件管理办法》	以地方政府规章的形式加强对行政规范性文件的管理，推进依法行政，建设法治政府。	
2023 年	《内蒙古自治区关于完善政府诚信履约机制优化民营经济发展环境的实施方案》	要求建立政府违约失信投诉机制、政府违约失信行为信息共享机制和加强政府违约失信行为的惩戒力度。	
2023 年	《内蒙古自治区人民政府办公厅关于印发自治区三级行政许可事项清单（2023年版）的通知》	列明了法律、行政法规、国务院决定设定的行政许可事项清单和地方性法规、内蒙古自治区人民政府规章设定的行政许可事项清单。	
2024 年	《关于进一步加强“双公示”和“5类行政管理信息”归集报送工作的通知》	对“双公示”“5类行政管理信息”归集报送工作作出进一步的要求。	

二、履职工作体系日趋成熟 政务诚信建设稳步推进

（一）健全三级工作管理机制 扎实有序推进诚信建设

完备的组织架构是工作开展的前提，我区构建形成自治区、盟市、旗县三级社会信用体系建设工作体系，为工作推进提供了有力保障。在自治区层面，成立自治区社会信用体系建设领导小组，统筹推进全区社会信用体系建设相关工作。各成员单位各司其职、各负其责、同向发力，将信用体系建设纳入本领域、本系统业务范畴，研究出台了一系列政策制度，让信用建设在各领域同步开展。在盟市层面，按照自治区的工作部署，各盟市均建立社会信用体系建设领导小组，明确牵头部门，设立专门工作机构，确定专职工作人员，为各项工作的有序推进奠定了基础。在旗县层面，与自治区、盟市同频共振，全面推进各项

工作的落地见效，将信用建设融入基层治理各领域，让信用政策惠及所有社会主体。

（二）建立三级平台运行机制 全面实现信息归集共享

信用信息归集共享是开展社会信用体系建设各项工作的基础，建立覆盖全部地区、所有行业的信用信息归集共享平台，打通地区和部门间的信息共享渠道，是推进社会信用体系建设各项工作的首要任务。由自治区发展和改革委员会负责建设运维的内蒙古自治区社会信用信息平台圆满完成两期建设任务，构建起“上联国家、下通盟市、横贯部门”的全区信息共享交换枢纽和信用大数据应用中心，实现了全区自然人、法人和非法人组织信用信息归集全覆盖，形成了全量归集、深度融合的海量信用信息资源。依托内蒙古自治区社会信用信息平台，全区12个盟市及部分旗县（市区）分别建立了本行政区域内的社会信用信息平台，自治区市场监管、税务、生态环境等多个部门建立起本行业的信用信息系统。内蒙古三级信用信息平台架构已基本形成，为政府部门、社会公众、信用服务机构、金融机构在市场监管、社会治理和公共服务等方面提供了强有力的信息支撑和应用服务。

（三）完善三级任务调度机制　共同推动工作落地实施

为保障各项工作任务落地见效，自治区社会信用体系建设领导小组全面传达贯彻国家和自治区决策部署，按年度制定全区社会信用体系建设工作要点，细化分解任务，明确完成时限，并对工作开展情况进行考核评估。各盟市、各部门承上启下，做好工作衔接和协调推进，按照职责分工全力开展本地本部门社会信用体系建设工作。各旗县（市区）在落实具体工作任务的基础上，通过自治区社会信用体系建设调度系统，及时梳理上报工作开展情况。现在，我区已经形成自治区、盟市、旗县三级信用工作微信群矩阵，通过微信群矩阵实时了解基层工作情况，提供有效服务，纠正工作偏差，凝聚工作合力。

三、重点领域持续推进 政府诚信建设扎实落地

（一）加强依法行政 推动法治政府建设

自治区健全依法行政制度体系，全面推进依法行政。2023 年，自治区推进行政立法，提请自治区人大常委会制定地方性法规 6 件、修改 3 件，修改规章 3 件、废止 2 件。将两件大事立法作为重点项目，推动出台 6 部促进条例以及《内蒙古自治区肉业高质量发展促进条例》《内蒙古自治区奶业高质量发展促进条例》等具有内蒙古特色的地方性法规。修订《内蒙古自治区行政规范性文件管理办法》，完善规范性文件备案监督制度，2023 年全区备案审查规范性文件 443 件，自治区人民政府本级合法性审查 670 件（次）；采用全面清理和专项清理相结合的方式，全区清理规范性文件 6037 件、废止 2011 件。组织开展涉及铸牢中华民族共同体意识、黄河流域生态保护等 9 项专项清理。

加强法治化营商环境，提升行政执法效能。2022年，全区开展“规范行政执法行为 优化法治化营商环境”专项行动。在“蒙企通”平台开通企业“反映问题”窗口，生成督办单157件，办结103件，为企业清欠账款、挽回损失10亿多元。深化“万所联万会”机制，全区律师深入4000余家企业，举办专题讲座1313场，开展民营企业“法治体检”5600余场次，为民营企业发展提供法律服务12342次，为企业直接挽回经济损失累计达3300余万元。

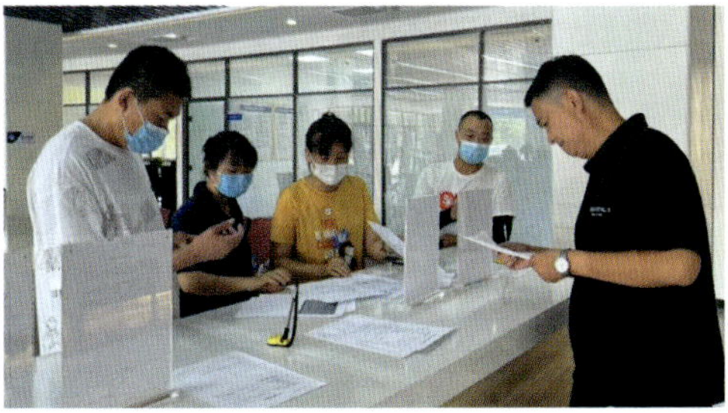

在公共法律服务大厅设立中小微企业绿色通道，免费解答企业的法律咨询

全面推行行政执法公示、执法全过程记录和重大执法决定法制审核制度。2022年，实行行政执法证件电子版与实体版“双模式”常态化管理，累计核发电子版行政执法证件8万件，完成现有执法人员全国统一行政执法证件换发工作。自治区司法厅

印发《内蒙古自治区行政执法文书格式及案例应用示范》。推动跨部门联合监管规范化，加大对食品药品、公共卫生、安全生产等重点领域执法力度，对群众反映强烈的突出问题进行专项整治。持续推广柔性执法，自治区有关部门制定轻微违法行为不予行政处罚清单，修订完善行政处罚裁量权基准，明确免罚、轻罚、免予行政强制事项清单。建立健全行政执法监督与刑事司法、纪检监察衔接机制。开展苏木乡镇（街道）行政执法监督试点工作。完善应用法治政府建设智能化一体平台，借助信息化手段强化对行政机关行权履职的全方位、全流程监督，汇聚考核、法律法规、法律服务等数据，形成全区统一的司法行政数据资源池。

深化执法体制改革。落实《内蒙古自治区基层综合行政执法条例》，优化执法资源配置，推动执法力量下沉，建立苏木乡镇综合行政执法机构，实现“一个区域一支队伍管执法”。完善行政执法程序。修订《内蒙古自治区行政执法责任制规定》，进一步明确执法部门职责。全面推行行政执法“三项制度”，聚焦行政执法源头、过程和结果三个关键环节，规范行政执法行为。加强执法队伍管理，严格执法人员资格审核、培训考试、证件管理制度落实，实行行政执法证件电子版与实体版“双模式”管理，推进行政执法监督平台和“执法易通行”掌上 App 应用，提升执法工作水平。推行包容审慎监管模式，提升行政执法水平。自治区市场监督管理局印发轻微违法行为不予行政处罚清单、不予实施行政强制措施清单、容缺受理事项清单、证明事项告知承诺制目录清单等；制定《内蒙古自治区市场监督管理行政处罚裁量权适用规则》，进一步明确了不予行政处罚、减轻处罚、从轻处罚、一般处罚及从重处罚的具体适用情形及条件；落实行政执法公示、全过程记录、重大行政执法决定法制审核三项行政执法制度；将行政执法与企业服务相结合，对不予行政处罚的，除责令整改外，还采取批评教育、指导约谈等措施，促进企业及经营者依法合规开展经营活动，同时对依法可免予处罚的轻微违法行为免予行政处罚，采取责令整改、批评教育等方式督促企业及经营者依法合规开展经营活动。2023 年 1—7 月，全区纠正不规范行政执法行为 81 个，适用首违不罚的主体共 117 户；对全区保留证明事项清单进行梳理，共保留证明事项 9 项。

（二）全面落实政务公开 全程接受社会监督

自治区以政府网站“政府信息公开”专栏为依托，加强“法定主动公开内容”的同时，进一步加大对涉及市场主体、减税降费、扩大有效投资及就业、养老、医疗、教育等方面信息的公开力度。2022 年，自治区政府网站集约化平台发布信息 20.6 万条，发布政策解读1400余件，回应市场主体和人民群众关切问题 1090 次，开展征集调查 610

开展政务公开培训工作

期，收到意见建议1.2万条；各级政府网站围绕优化营商环境、减税降费、助企纾困、创业就业等工作新开设栏目近400个。2023年发布政府令4部、行政规范性文件37件、其他文件51件，“政府信息公开”专栏累计公开“法定主动公开内容”1.1万条。全年《内蒙古自治区人民政府公报》汉文版、蒙古文版各编发24期，共刊发《政府工作报告》1篇、地方性法规与政府规章8部、自治区人民政府文件32件、自治区人民政府办公厅文件55件、政府部门文件53件及其他各类信息739条。

典型案例

包头市东河区以“三化”锻造“全景式”政务公开

2023年以来，东河区政务服务局不断推进政务公开标准化、规范化，将其作为提高政府工作透明度、提升政府公信力、高效务实为民服务的重要抓手，在健全制度机制、创新公开方式、强化内部管理上下功夫，着力提升全区政府信息公开水平。

制度规范化，明确“公开什么”，努力做到“条例清晰、内容明确、更新及时”。制定政务公开指导手册，从制度、操作、知识问答等方面对政务公开进行细化；坚持常态化做好重点领域信息公开工作，1—8月，东河区主动公开政府信息3551条，其中动态信息881条，政府信息公开栏目发布2670条。

管理精细化，明确“怎么公开”，努力做到“程序规范、管理有效、渠道多样”。根据《中华人民共和国政府信息公开条例》，严格内容发布审核，强化“三审三校”制度，按照“谁制定、谁审查、谁公开、谁负责”的原则，落实到人，坚决杜绝发生密级文件信息泄露；严格政府信息公开工作程序，报送主体、分管领导、主要领导层层把关审核，在规定的工作日内，通过门户网站和政务新媒体严谨扎实进行公开。

工作常态化，明确“谁来公开”，努力做到“齐抓共管、分工明确、协调有序”。始终将政务公开工作纳入重要议事日程，总体部署，做好制度保障，强调各部门单位选任认真负责的同志从事政务公开、政务信息工作，持续加强内部协调，密切配合，确保政务公开工作任务落地、责任到人，形成政务公开有力推进的合力。

文章来源：内蒙古自治区人民政府网站

2023年，全年办理政府信息公开申请228件。对自治区政府信息依申请公开系统进行迭代升级，全区4589个单位接入系统，全区各级行政机关通过系统接收政府信息公开申请7763件，政府信息依申请公开“一网统管”“一网统办”能力进一步提升。

（三）持续推进政府职能转变　着力建设服务型政府

自治区持续推进政府职能转变，开展法治化营商环境建设，建立“亲清政商”关系，消融企业在发展中遭遇的“坚冰”，增强企业家发展的坚定信心。2022年，自治区开展“两优”专项行动，自治区级权力事项取消72项、下放679项，压减办事时限49.4%、环节20.8%、材料26.5%。为打通全区政企实时、精准的沟通渠道，着力解决惠企政策“最后一公里”，自治区发展和改革委员会牵头建设了覆盖自治区、盟市、旗县（市区）三级的“蒙企通”。截至2023年11月末，“蒙企通”App注册经营主体56万户，优化升级37次，发布惠企政策1.2万条，“政策匹配”微信推送用户数5.5万人，推送次数278.8万次。2023年1月1日—11月30日，“蒙企通”平台受理企业意见诉求办结333条，企业满意率99%。自治区党委全面依法治区委员会办公室在“蒙企通”平台开设“反映问题”窗口，建立反映问题“双督办双反馈”机制，专门受理政务失信、拖欠账款、政策不落实等事项，解决企业多年投诉无门、解决无望的老大难问题。2023年1月1日—11月30日，“反映问题”窗口共受理各类问题168件，已办结150件，累计为企业清欠账款、挽回经济损失5.6亿元。

全区各地创新政务服务模式，政务服务的标准化、规范化、便利化水平进一步提升。呼包鄂乌四地实现区内和区外政务服务“跨域通办”。2022年

2月，呼和浩特市行政审批和政务服务局与山东省青岛市行政审批服务局签署《政务服务“跨域通办”合作协议》，带动全市9个旗县区和包头市、鄂尔多斯市、乌兰察布市加入由23个省市413个地区成员组成的“云牵手联盟”。现在，呼包鄂乌四地按照“异地收件—窗口初审—转办属地—属地审核—审批决定—出证送达”的办理流程，依托“跨域通办专窗平台”实现四地“四城通办”事项累计1239项。呼包鄂乌政务服务“四城通办”工作逐步从“能办”

呼和浩特、包头、鄂尔多斯、乌兰察布四市开展政务服务“四城通办”工作

向“好办”“易办”“快办”转变，有效缩短了申办人办理时间，降低了办事成本，提高了办事效率。

典型案例

乌兰察布市“信用＋绿色帮办”服务助力企业“轻装上阵”

“信用＋绿色帮办”是针对信用等级高、税收高和就业率高的企业，以信用惠企利民为立足点，将“信易＋”场景融入办事大厅，通过专报请示点对点、联席联审重点式、一表填报简化式、容缺受理上门式的帮办模式推行绿色服务。

乌兰察布市通过开展“信用＋绿色帮办”服务机制，精简前置材料，优化审批流程，缩短了办事时限，进一步提高了政府行政效率。提供的帮办代办服务，让办事企业切实感受到讲诚信、守信用带来的优惠便利，同时也感受到乌兰察布市优质、高效、便捷的政务服务。

“信用＋绿色帮办”推行以来，乌兰察布市已为152家诚信等级较高的民营企业提供344项审批事项和46个企业诉求问题的代办帮办服务。“信用＋绿色帮办”服务机制已成为乌兰察布市加强政务诚信建设、持续优化营商环境的重要举措。

文章来源：《内蒙古日报》2023 年 11 月 26 日（有改动）

自治区各级部门不断推陈出新，着力破除体制机制障碍，推进简政放权，优化服务，2023 年推动一批可圈可点的创新亮点进入国务院推广名单。比如，自治区各盟市利用短视频直播平台与企业群众全时段交流沟通、直播答疑，建立“云政务 + 直播”服务新模式，被国务院办公厅列入政务服务效能提升典型经验案例；锡林郭勒盟实施的“推诚出信”制度让企业真切体会到纳税信用带来的“优越感”，被列入国家发展和改革委员会“信易 +”应用典型案例。

（四）重点领域失信问题整治成效明显

2023 年，自治区坚持全链条、全方位打击治理电诈犯罪，开展了“北疆利剑”“7 · 17”专项工作，侦破电信网络诈骗案件 9376 起，抓获犯罪嫌疑人 1.83 万名，个案损失 50 万元以上电信网络诈骗案件

100% 有嫌疑人到案。

2023 年，自治区深入开展“屡禁不止、屡罚不改”严重违法失信行为专项治理，推动诚实守信成为市场运行的价值导向和各类主体的自觉追求。着眼打造公平竞争的市场环境，制定贯彻落实建设全国统一大市场部署总体方案和近期举措的两个具体举措，明确了 44 项具体任务，同步建立约谈通报制度，推动全国统一大市场建设取得实质性进展。

在招标投标领域，自治区持续提高招标投标的科学性和公平性，完善管理机制，形成监管合力，有效遏制围标、串标、陪标乱象。

典型案例

呼伦贝尔市公共资源交易中心通过“区块链”技术赋能招标投标活动。一是将区块链技术应用于交易信息、主体信息、诚信信息和业绩信息等各种类型的信息数据，打造信息数据上链共享新模式；二是打破平台、应用、网络形态和地域边界，连接区域范围内各种类型的数据，在信息打通共享机制下提高协作效率；三是对交易信息等关键交易数据进行上链存证，基于智能合约实现链上节点处理事务上的可信协同，让公共资源交易市场更透明、更公平、更具公信力。

截至2023年7月，呼伦贝尔市和旗市区公共资源交易一体化电子服务平台上链交易信息、主体信息、诚信信息、业绩信息四大类信息共363295个，实现区块链存证。

文章来源：《2023年内蒙古自治区优化营商环境观察报告》

（五）信息主体权益得到有效保障

自治区和各盟市依托“信用中国（内蒙古）”网站和各地信用门户网站建立了信用修复和异议申诉专栏，为符合条件的失信主体开展信用修复工作。2022年，自治区市场监督管理局实现了市场主体足不出户便可以在线递交申请材料，不受时间、地点限制，全程网上办理。2023年，自治区开展以“深化包容审慎信用监管护航市场主体健康成长”为主题的信用提升行动，建立完善企业信用合规、信用修复、抽查容错等制度。截至2023年9月，移出经营异常名录2.18万户，恢复个体工商户正常记载状态22.09万户，提前移出严重违法失信名单0.28万户，提前停止公示行政处罚信息84条，有效保障了失信主体合法权益，促进了营商环境改善。

特别关注

2023年，全区创新实施“体检式监管、服务型执法”，不以罚款为目的、不以处罚画句号，相关经验做法被自治区党委列为经验成果大起底案例之一。倡导“预防式”监管，下力气解决人脸识别缓慢、电子签名识别不准、特种设备不停机检测等问题；坚持“精准式”执法，建立轻微违法行为不予行政处罚容错机制，规范579项行政处罚事项裁量权基准，让经营主体充分感受到有温度的执法；推行“康复式”回访，针对石化工程异常项目和信用修复难题，进行“一企一策”合规引导，既有效履行监督责任，又让企业放下包袱轻装上阵。

文章来源：《内蒙古日报》2024年1月24日（节选）

（六）典型示范引领成效显著

全区广泛开展诚信典型选树活动。面向全区在政务诚信、商务诚信、社会诚信和司法公信领域表现突出的个人评选内蒙古“十大诚信人物”。同时，持续开展信用户、信用村、信用乡(镇)示范创建工作，不断提高各类社会主体诚信经营水平，营造良好的信用环境。

2023年度自治区“十大诚信人物”于9月20日揭晓，这些人物当中有牧民、农民、税务干部、退休教师、列车员等。诚信人物的评选，有利于弘扬诚信文化，推进诚信建设，发挥诚信典型的示范引领作用；也有利于在全社会形成履约践诺、诚实守信的良好风尚。

（七）诚信宣传教育广泛开展

内蒙古在宣传渠道、宣传内容、人才培养方面持续发力，构建起一套较为完整的信用宣传体系，持续开展公职人员诚信、守法和道德教育，将诚信教育纳入公职人员在职培训、继续教育和进修课程，有效提升了全区信用工作人员的业务水平。

为贯彻落实党中央、国务院有关决策部署，自治区全面开展《内蒙古自治区公共信用信息管理条例》执法宣传工作，推进社会信用体系建设，在全区范围内营造守信践诺的良好风尚，助力自治区经济社会高质量发展。经自治区人民政府批准，自2022年6月起，每年6月在全区范围内开展信用宣传月活动。2022年，自治区信用宣传月活动从不同

2023年信用宣传月活动期间，全区各地广泛开展宣传活动

角度、以不同方式、通过不同渠道营造出助力自治区高质量发展的诚信社会氛围，全区各盟市同步开展宣传活动 2127 次，受众人数超过 900 万人。因活动成效突出，宣传月活动入选了 2022 年度全区“十大法治事件”。政务诚信是 2023 年自治区信用宣传月的重点宣传内容，自治区组织各级行政机关和事业单位开展诚信政府建设系列活动，提升公职人员依法行政、诚信履约和高效服务意识，彰显自治区治理政务失信行为、优化营商环境的决心。

四、信息归集应用体系不断完善　政务诚信建设提质增效

自治区以政务诚信带动社会诚信体系建设，以信用信息全量归集共享为基础，以信用信息广泛应用为目标，以培育信用市场为动力，以健全救济渠道为补充，全面构建起目标明确、施策精准、流程规范的闭环式信息归集应用体系。

（一）信息归集能力持续提高

自治区社会信用信息平台具备了对全区所有社会主体开展信用档案建设和与各盟市开展批量数据共享、与区直部门开展数据接口共享的能力，截至2023年11月，累计归集全区613.87万经营主体、3.04万机关事业单位、3.43万社会组织、2400万自然人的信用信息，共计3.63亿条，为加快推进全区信用信息归集、共享、管理和应用奠定了坚实基础。

（二）信息应用场景持续拓展

各地各部门在行政管理事项中嵌入信用查询环节，显著提高了信用记录在市场监管、社会治理等方面的针对性和有效性。同时，为全面推进守信激励的服务模式向社会各领域延伸，自治区创新推出“蒙享贷”“蒙享租”“蒙享销”等“蒙享+”信用激励系列品牌，助力企业实现“创业之梦、发展之梦”。

（三）创新融资模式惠民便企

为破解中小微企业“融资难、融资贵”难题，依托“蒙享贷”融资服务平台和微信小程序，助力诚信企业发展。截至 2022 年 6 月，“蒙享贷”平台已注册企业 4408 家、行业协会(商会)137 家、金融机构 209 家、评估机构 17 家；已发布金融产品 230 个、保险产品 10 个；已上线约 8.4 万个投资项目，达成融资意向近 54 亿元。

典型案例

鄂尔多斯加强诚信体系建设 铸造信誉“新高地”

鄂尔多斯市已实现信用服务应用场景 27 项。归集各类信用信息至自治区平台 2500 万余条，网站点击量超过145万次。多渠道建立

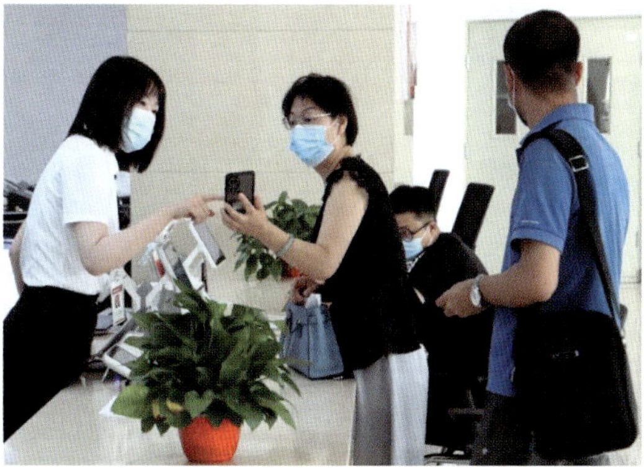

政务诚信长效机制，开通了市民热线 12345 政务失信举报专线、市纪委监委 12388 专线等，累计为 1300 家企业完成信用修复。

为最大限度缩短企业群众诉求办理时间，鄂尔多斯市实行了“双派单”下管一级工作机制，在工单转派旗区和部门的基础上，所有诉求同步直派苏木乡镇和街道，实现“小事不出村、大事不出镇”。

文章来源：《内蒙古日报》2023年2月12日（节选）

五、评估考核监督加持加码 政务诚信建设形成闭环

自治区不断加大事中事后监管力度，健全以“双随机、一公开”监管和“互联网+监管”为基本手段的监管机制，推进线上线下一体化监管。通过深入开展“五个大起底”行动，激活项目近万个、资金64亿多元、土地13万多亩。

自治区全力推进各领域信用监管工作，积极推动自治区社会信用信息平台与自治区主要监管部门的业务系统数据共享，将信用查询嵌入日常监管。截至2023年11月，平台累计归集全国各地各部门

严重失信“黑名单”信息超过314万条，诚实守信“红名单”信息超过31万条，并推送共享至自治区各地各部门，对信息主体开展联合奖惩。自治区各部门在行政事项办理过程中，共调用、查询信用信息超过7333万次，为深入推进“放管服”改革发挥了积极作用。

自治区制定政务失信行为清单和失信认定标准，作为政务失信信息归集和对地方政务诚信建设工作的监测评估依据，不仅拓宽了政务失信投诉举报渠道，而且加大了政务失信行为的责任追究力度和曝光力度，以及包括政务失信信息在内的信用信息归集力度，实现了全量归集和资源共享。各地各部门在作出行政决策前开展信用信息查询，可以对存在失信行为的部门和公职人员进行约束。

自治区建立盟市政务诚信季度监测和年度评估机制，定期通报政务失信情况，解决政府承诺不兑现、拖欠企业账款等问题，截至2023年，累计清偿拖欠中小企业款项1100多亿元；强化营商环境正面宣传和反面曝光，开设了“营商环境 优在内蒙古”网络专题栏目，上线以来发布各类信息 7000 余条，警示案例 64 条，浏览量破两千万次。

相关链接

内蒙古自治区 2023 年二季度
全区 104 个旗县（市区）综合信用得分前 10 名

排名	地区	总分	盟市
1	苏尼特右旗	87.52	锡林郭勒盟
2	锡林浩特市	83.61	锡林郭勒盟
3	海勃湾区	83.49	乌海市
4	伊金霍洛旗	82.87	鄂尔多斯市
5	青山区	82.66	包头市
6	乌达区	82.00	乌海市
7	土默特右旗	81.83	包头市
8	喀喇沁旗	81.20	赤峰市
9	阿巴嘎旗	80.75	锡林郭勒盟
10	东乌珠穆沁旗	80.01	锡林郭勒盟

来源：《内蒙古自治区2023年二季度旗县（市、区）信用监测报告》

典型案例

乌海获评全国社会信用体系建设示范市

全国第四批社会信用体系建设示范区名单发布，乌海市榜上有名，成功获评全国第四批社会信用体系建设示范市，取得国家社会信用体系建设领域的最高荣誉，成为自治区首个获此殊荣的城市。

近年来，乌海市充分发挥信用在创新监管机制、提高监管能力和水平方面的基础性作用，积极推进事前信用承诺工作、加强事中信用分级分类监管效能、完善事后信用修复力度。为加强信用信息应用力度，乌海市在国家工作人员招录、职务任用、职务晋升等

方面开展核查应用及奖惩工作。为破解中小微企业融资难题，乌海市大力推进“信易贷”工作，不断扩大信息归集范围，已归集市场主体登记、司法、纳税、社保、住房公积金、水电气费缴纳等17类30余项信息，有效降低了银行信息收集成本。同时乌海市坚持以政务诚信引领其他领域信用建设，充分发挥政府在社会信用体系建设中的表率作用，主动兑现历史优惠政策资金近1亿元，实现拖欠民营企业、中小企业账款动态“清零”。2015—2022年，乌海市共召开8次“红黑名单”新闻发布会，通过褒扬诚信、惩戒失信，全面增强了企业守法责任意识和诚信经营环境。

文章来源：《内蒙古日报》2023年8月10日（节选）

延伸阅读

《内蒙古自治区加强政务诚信建设的实施方案》。

第三章

政务诚信建设举措

习语金句

推进诚信建设和志愿服务制度化，强化社会责任意识、规则意识、奉献意识。

——习近平 2017 年 10 月 18 日在党的十九大报告中的讲话

引经据典

诚者，天之道也。思诚者，人之道也。

——《孟子》

若欲令君子小人是非不杂，必怀之以德，待之以信，厉之以义，节之以礼。然后善善而恶恶，审罚而明赏。则小人绝其佞邪，君子自强不息，无为之治，何远之有？

——《贞观政要》

认真学习习近平总书记关于诚信建设的重要论述，深入研究当前自治区政务信用现状和突出问题，紧紧围绕全社会守信践诺这个“靶心”，组织开展诚信建设，特别是重点领域失信突出问题大起底，对照国家和自治区相关政策法规进行全面集中整治，健全完善工作机制，大力营造政务领域讲诚信、重诚信、守诚信的浓厚氛围，持续改善全区社会信用环境，不断夯实高质量发展的信用基石。

一、严格依法行政

依法行政是建设法治政府和诚信政府的基础，要将依法行政贯穿于决策、执行、监督、服务的全过程。

（一）加强政策出台前的合法合规性审查和公平竞争审查

严格执行重大行政决策程序，推动各级领导干部严格遵循法定权限和程序决策。注重发挥法律顾问、公职律师作用。决策草案提交决策机关讨论前，由负责合法性审查的部门进行合法性审查，不能以征求意见、会签等方式代替合法性审查，切勿让合法性审查走形式。起草行政规范性文件，涉及市场准入和退出、产业发展、招商引资、招标投标、政府采购、经营行为规范、资质标准等市场主体经济活动的，应当进行公平竞争审查。

（二）提升行政执法质量三年行动

执法质量直接关系法治政府建设成效。实施提

◎全面提升行政执法人员能力素质◎

一图深入解读 提升行政执法质量三年行动计划

建立健全行政执法标准化制度化培训机制

各级行政执法机关要把加强党的政治建设放在首位，切实践行习近平法治思想，坚定拥护“两个确立”、坚决做到“两个维护”，正确把握政治方向，严格遵守政治纪律，加强政治历练，积累政治经验，不断提高政治判断力、政治领悟力、政治执行力。

提升行政执法质量三年行动计划

《提升行政执法质量三年行动计划（2023—2025年）》是为深入贯彻落实《法治政府建设实施纲要（2021—2025年）》，全面提升行政执法质量和效能制定的计划。由国务院办公厅于2023年8月9日印发实施。

三年行动计划总体要求

以习近平新时代中国特色社会主义思想为指导，深入学习贯彻习近平法治思想，全面贯彻落实党的二十大精神，深刻领悟“两个确立”的决定性意义，增强“四个意识”、坚定“四个自信”、做到“两个维护”，以提升行政执法质量和效能为目标，着力提高行政执法队伍能力素质，规范行政执法行为，完善行政执法体制机制，强化行政执法监督问责。

坚持党的领导，把坚持和加强党的领导贯穿于行政执法工作的全过程和各方面。坚持执法为民，努力让人民群众在每一个执法行为中都能看到风清气正、从每一项执法决定中都能感受到公平正义。坚持问题导向，聚焦重点领域行政执法中存在的突出问题，查找根源，切实解决。坚持注重实效，立足基层行政执法实际，增强措施的针对性和实效性，稳步提升行政执法质量。

全面提升行政执法人员能力素质

各级行政执法机关要把加强党的政治建设放在首位，切实践行习近平法治思想，坚定拥护“两个确立”、坚决做到“两个维护”，正确把握政治方向，严格遵守政治纪律，加强政治历练，积累政治经验，不断提高政治判断力、政治领悟力、政治执行力。加强基层行政执法单位党组织建设，充分发挥党建引领作用。

建立健全行政执法标准化制度化培训机制，开展分类分级分层培训，在完成政治理论教育和党性教育学时的基础上，确保行政执法人员每人每年接受不少于60学时的公共法律知识、业务知识和行政执法技能培训，原则上于2024年6月前完成对本地区、本部门行政执法队伍的全员轮训。

全面推进严格规范公正文明执法

强力整治行政执法突出问题。聚焦人民群众反映强烈的运动式执法、一刀切”执法、简单粗暴执法、野蛮执法、过度执法、机械执法、逐利执法等不作为乱作为问题，开展专项整治和监督行动。各地区有关部门要于2023年底前梳理形成本地区各行政执法领域的突出问题清单，并对照清单适时组织开展专项整治行动，专项整治情况报送本级司法行政部门汇总。实行垂直管理或者双重领导并以上级单位领导为主的国务院部门的行政执法突出问题专项整治情况，由垂直管理或者双重领导并以上级单位领导为主部门汇总后报送国务院司法行政部门。

健全完善行政执法工作体系

协调推进行政执法体制改革。地方各级司法行政部门要切实履行行政执法体制改革的法治协调职责，督促指导各级行政执法部门于2024年底前研究制定本部门行政执法事项目录。国务院有关部门和省、自治区、直辖市人民政府要组织开展行政执法事项的清理工作，对虽有法定依据但近五年未发生的、极少发生且没有实施必要的、交叉重复的等行政执法事项进行清理，提出拟取消、调整或者暂停实施的意见，按规定程序处理。国务院有关部门制定本领域综合行政执法标准化指南，国务院司法行政部门研究制定综合行政执法改革法治建设政策文件。

加快构建行政执法协调监督工作体系

加快出台行政执法监督条例，进一步规范行政执法监督体制、监督职责、监督内容、监督方式、监督程序、责任体系等内容。健全完善行政执法监督配套工作制度，推进行政执法案卷评查、行政执法案例指导等工作。研究制定科学、合理的行政执法考核评价指标体系。

强化上级行政机关对下级行政机关行政执法工作的全方位、全流程监督，严格履行常态化、长效化监督，积极探索司法所协助县级人民政府司法行政部门开展乡镇、街道行政执法监督工作的方式方法。

健全行政执法监督科技保障体系

国务院司法行政部门要加快推进全国行政执法综合管理监督信息系统应用，构建行政执法和行政执法监督一体化平台。按照国家统筹、省级组织、省市两级集中部署、省市县乡四级一体化应用方式，推进行政执法和行政执法监督一体化平台集约化建设和部署应用，推行行政执法移动应用程序掌上执法。

推进行政执法和行政执法监督一体化平台与国家“互联网+监管”系统、全国信用信息共享平台、“双随机、一公开”系统等数据标准的相互兼容，形成全国统一的行政执法数据标准体系。

不断强化行政执法保障能力

根据行政执法机构所承担的执法职责和工作任务，合理配备行政执法力量，并注重行政执法机构队伍梯队建设。加强行政执法机构公职律师和法律顾问队伍建设。整合有关行政执法机关的法制审核力量，建立重大执法决定法制审核协作机制。建立健全行政执法责任追究、尽职免予问责机制，细化追责、免予问责情形和容错纠错程序。

相关链接

2023年，全区共培训执法人员8.1万人次，审核行政执法及监督人员1.09万余名，核发电子执法证1.05万余件。

2023年，全区开展道路交通安全和运输执法领域突出问题专项整治，整改问题线索614个，整改率100%。

2023年，全区加强食品安全监管，深入开展衣食住行"铁拳"行动，发布典型案例124件。加强安全生产行政执法，立案查处1900件，停产整顿企业93家。

2023年，全区共评查行政执法案卷8880卷，建立行政执法监督与12345热线合作机制，加强执法不规范问题整改。开展全区万名行政执法义务监督员选聘工作，发挥监督"哨点"作用。743个司法所开展行政执法监督，规范苏木乡镇综合执法。

文章来源：内蒙古自治区司法厅网站（节选）

（三）健全行政执法体系 细化量化执法自由裁量权

推进行政执法体制机制改革创新，大力推进跨领域跨部门联合执法，加快实现违法线索互联、执法标准互通、处理结果互认。完善行政执法与刑事司法衔接机制，推进信息共享机制化、案件移送标准和程序规范化。构建完善权责清晰、运转顺畅、保障有力、廉洁高效的行政执法体制机制，持续提高执法质量和水平。

完善行政执法程序。严格落实行政执法公示、执法全过程记录、重大执法决定法制审核制度，实现行政执法信息及时准确公示、行政执法全过程留痕和可回溯管理、重大行政执法决定法制审核全覆盖。落实告知制度，依法保障行政相对人陈述、申辩、提出听证申请等权利。

健全行政裁量权基准，细化、量化执法自由裁量权。有关部门和地方要在法律法规规定的幅度内，根据违法行为的事实、性质、情节及社会危害程度，细化、量化行政裁量权基准，规范裁量范围、种类、幅度，在告知书和决定书中引用自由裁量基准条款并说明适用理由。建立健全行政裁量权基准动态调整机制，对行政裁量权定期更新和公布。将行政裁量权基准内容嵌入行政执法信息系统，为执法人员提供精准指引，加强案例指导和日常监督检查，有效规范行政裁量权行使，避免出现同案不同罚、显失公平现象。

（四）严格执行过错责任追究制度和执法行为考评制度

严格执行过错责任追究制度要在落实行政执法责任制实施主体上明确行政执法责任制组织领导和适用范围。各级行政执法部门对行政执法权责清单进行梳理和动态调整，分解行政执法职权，确定行政执法责任，建立健全考评机制。明确责任追究的实施主体、法定依据和法定程序，保护行政执法人员合法权益和维护行政执法权威。

行政执法考评应当坚持公开、公平、公正原则。评议考核情况应当以适当方式公开。考核应当运用全区法治政府建设信息化平台，采用日常评议考核与年度评议考核相结合、自查与互评相结合、内部评议与外部评议相结合的方式进行，同时将行政执法责任制工作落实情况纳入全面依法治区考核体系中。

（五）全面落实权责清单

坚持法定职责必须为、法无授权不可为，将依法设定的行政权力事项全部纳入清单管理，清单之外一律不得违法实施行政权力。自治区各部门单位要严格依照清单履职尽责，制定完善行政权力事项的配套实施措施，并动态落实到线上线下行政审批、公共服务和监管工作中。各地区要根据权责清单调整情况，按照动态调整原则和相关规定，抓紧开展本地区权责清单调整及政务服务事项标准化工作。

（六）提升行政效能　推出13个“高效办成一件事”服务套餐

坚持问题导向和目标导向相结合，从企业和群众视角出发，把“高效办成一件事”作为优化政务服务、提升行政效能的重要抓手，加强整体设计，推动模式创新，注重改革引领和数字赋能双轮驱动，统筹发展和安全，推动线上线下融合发展，实现办事方式多元化、办事流程最优化、办事材料最简化、办事成本最小化，最大限度利企便民，激发经济社会发展内生动力。推动线上线下政务服务能力整体提升，健全“高效办成一件事”重点事项清单管理机制和常态化推进机制，实现第一批高频、面广、问题多的“一件事”高效办理。

“高效办成一件事”2024 年度重点事项清单

（一）企业事项（8 项）		
序号	“一件事”名称	具体事项
准入经营		
1	企业信息变更“一件事”	企业变更登记
		企业印章刻制
		基本账户变更
		税控设备变更发行
		社会保险登记变更
		住房公积金企业缴存登记变更
2	开办运输企业“一件事”	企业营业执照信息核验
		道路货物运输经营许可（危险货物道路运输经营、使用总质量 4500 千克及以下普通货运车辆从事普通货运经营的除外）

续表

序号	"一件事"名称	具体事项
		普通道路货物运输车辆《道路运输证》办理
3	开办餐饮店"一件事"	企业营业执照信息核验
		食品经营许可
		户外招牌设施设置规范管理
		公众聚集场所投入使用、营业前消防安全检查
经营发展		
4	水电气网联合报装"一件事"	水电气网接入外线工程联合审批
		供电报装
		燃气报装
		供排水报装
		通信报装
5	信用修复"一件事"	统筹在"信用中国"网站及地方信用平台网站建立相关失信信息信用修复指引
		行政处罚信息修复
		异常经营名录信息修复
		严重失信主体名单信息修复
6	企业上市合法合规信息核查"一件事"	统筹相关申请核查信息的受理、分派、汇总和结果送达
		企业城市管理领域无违法违规信息核查
		企业规划自然资源领域无违法违规信息核查
		企业违反劳动保障法律法规信息核查
		企业生态环境保护领域无违法违规信息核查

续表

序号	“一件事”名称	具体事项
6	企业上市合法合规信息核查“一件事”	企业市场监管领域无违法违规信息核查
		企业卫生和人员健康领域无违法违规信息核查
		企业文化和旅游市场领域无违法违规信息核查
		企业应急管理领域无违法违规信息核查
		企业住房、工程建设领域无违法违规信息核查
		企业人员住房公积金缴存信息核查
		企业科技领域无违法违规信息核查
		企业交通运输领域无违法违规信息核查
		企业合法纳税情况无违法违规信息核查
		企业知识产权领域无违法违规信息核查
		企业水资源保护领域无违法违规信息核查
		企业消防安全无违法违规信息核查
		电信监管领域无行政处罚信息核查
注销退出		
7	企业破产信息核查“一件事”	统筹相关申请核查信息的受理、分派、汇总和结果送达
		企业车辆信息核查
		企业不动产登记信息核查
		社会保险参保缴费记录核查
		企业注册、登记等基本信息核查

续表

序号	"一件事"名称	具体事项
		企业人员医保缴存信息核查
		企业房产信息核查
		企业人员住房公积金缴存信息核查
		企业纳税缴税情况信息核查
		企业海关税款缴纳、货物通关信息核查
8	企业注销登记"一件事"	税务注销
		企业注销登记
		海关报关单位备案注销
		注销社会保险登记
		银行账户注销
		企业印章注销

（二）个人事项（5项）		
序号	"一件事"名称	具体事项
出生		
1	新生儿出生"一件事"	《出生医学证明》办理（首签）
		预防接种证办理
		本市户口登记（申报出生登记）1岁以下婚内本市生育
		社会保障卡申领
		生育医疗费用报销

续表

序号	“一件事”名称	具体事项
		办理居民医保登记
		科学育儿指导服务登记
入学		
2	教育入学“一件事”	新生入学信息采集
		户籍类证明
		居住证
		不动产权证书
		社会保险参保缴费记录查询
生活		
3	社会保障卡居民服务“一件事”	就业和人力资源服务、社保服务
		就医购药
		交通出行
		文化体验
4	残疾人服务“一件事”	残疾人证新办、换领、迁移、挂失补办、注销、残疾类别／等级变更
		困难残疾人生活补贴
		重度残疾人护理补贴
		残疾人就业帮扶
		城乡居民基本养老保险补助
退休		
5	退休“一件事”	参保人员达到法定退休年龄领取基本养老保险待遇资格确认

续表

序号	“一件事”名称	具体事项
		参保人员达到法定退休年龄领取基本养老保险待遇资格确认
		基本养老保险视同缴费年限认定
		特殊工种提前退休核准
		因病或非因工致残完全丧失劳动能力提前退休（退职）核准
		新增退休人员养老保险待遇核定发放
		基本医疗保险视同缴费年限核定
		离休、退休提取住房公积金
		城镇独生子女父母奖励金
		户籍信息确认

二、健全政府守信践诺机制

各级各部门要依法全面履行职责，完善诚信履约机制，把出台的政策法规贯彻落实到位、作出的承诺兑现到位、签订的合同协议履行到位，充分发挥党政机关在诚信建设中的表率作用。

（一）推动政务信息公开 提升“双公示”工作质效

大力推动政务信息公开，推进全区行政许可、行政处罚“双公示”工作全覆盖，力争“双公示”数据及时率、合规率、上报率达100%，并将“双公示”全面拓展至行政许可、行政

处罚、行政强制、行政确认、行政征收、行政给付、行政裁决、行政补偿、行政奖励、行政监督检查“十公示”，保障群众知情权，接受社会监督。

典型案例

内蒙古建立“双公示”信息通报制度

为扎实做好行政许可和行政处罚（以下简称“双公示”）归集报送工作，切实提升数据报送质效，2023年自治区发展和改革委员会联合自治区市场监督管理局和税务局印发相关文件，明确了“双公示”信息报送路径、时限及统计规则，并对盟市持续开展“双

公示”信息月度通报工作。

2023 年 10 月份，各盟市上报“双公示”信息 33088 条，清洗入库 33088 条，数据总体合规率为 100%，迟报率为 0.21%。

文章来源：内蒙古自治区人民政府网站

案例启示

公开公示行政许可和行政处罚等信用信息，是打造透明政府和公信政府的重要体现，是促进简政放权，实现放管结合，切实转变政府职能的有效手段，也是全区营商环境指标考核的重要内容。但由于各地各部门对“双公示”认识和重视程度等不同，还存在信息漏报、迟报等问题，针对这些问题应该做到以下几点。

1 加强认识 高度重视

提高各地各部门对“双公示”信息报送工作的认识。“双公示”报送工作，是国家强力推动的一项基础性工作，国家明确“双公示”报送情况将采取全国通报的形式，在全国范围内进行排名，各地各部门要充分认识此项工作的重要性，认真抓好落实。坚持“谁产生、谁负责”的原则，做到责任到人、落实到位。

2 完善“双公示”信息数据标准规范

统一数据归集标准。自治区发展和改革委员会与自治区市场监督管理局已就“双公示”信息归集共享事项达成共识，统一了全区“双公示”数据归集标准。

制定“双公示”事项目录。各地各部门应根据有关法律法规和规章规定，结合本部门权责清单，全面梳理和编制本部门“双公示”和“5类行政管理信息”事项目录，并根据行政审批制度改革、机构职能调整以及相关法律法规变化等因素及时修订，保持动态更新。

规范“双公示”信息的分类归集和公示。各地各部门应按照“双公示”事项目录和数据标准采集相关信息，在作出行政决定之日起7个工作日内上网公示。“双公示”信息上报日期比行政决定作出日期超出20个工作日的，视为迟报数据。同时对各部门已报送“双公示”数据中的决定文书号连续情况进行随机抽查，将初步抽查为瞒报的数据发至部门进行核实，从而最终计算出瞒报率。凡是“双公示”和“5类行政管理信息”事项目录产生的数据均须全量归集报送，简易处罚、不予公示的处罚和涉密数据等除外。

3 建立“双公示”长效评估和考核机制

开展线上月评估工作。依托城市信用状况监测预警系统，结合“信用中国”网站和各级信用门户网站后台统计情况，按月对各地的“双公示”在线公示情况进行实时监测，并对信息的报送数量和质量进行评估。

引入第三方机构按季度开展实地评估。引入信用服务机构按季度对各地县级以上城市的“双公示”工作进行第三方实地评估，建立随机选派第三方机构的抽查评估机制，对于“双公示”第三方评估结果较好的地区，减少抽查评估频率。鼓励各地引入第三方机构对所辖地“双公示”工作开展实地评估。

加强“双公示”评估结果的应用。按照公示率、优质数据占比、数据范围覆盖率等标准对各城市“双公示”工作情况进行评分考核，并将考核结果向各地区通报。

4 完善“双公示”信息主体权益保护机制

明确行政处罚信息公示期限及应用范围。作出行政处罚决定的行政机关在公示相关信息时应注明处罚的严重程度，明确行政处罚信息的公示期限。行政处罚信息自处罚决定作出之日起，在信用门户网站的一般公示期限为一年，涉及严重失信行为的行政处罚信息公示期限为 3 年。法律法规、规章另有相关规定的，从其规定。公示期限届满的，不再对外公示。失信主体因行政处罚而被列入失信受惩黑名单和重点关注名单的，按照相应名单管理要求公示和开展修复。

建立“双公示”信息的异议处理机制。按照“谁产生、谁负责”的原则，由作出行政决定的机关对公示信息的准确性负责。法人和非法人组织认为信用网站对其公示的“双公示”信息存在公示内容有误、遗漏、公示期限不符合规定或者被依法撤销或变更的，各级发展和改革委员会应及时会同行政决定机关进行核实处理；行政决定机关认为信用网站公示的“双公示”信息存在公示内容有误、遗漏、公示期限不符合规定或者被依法撤销或变更的，应及时会同本地区发展和改革委员会进行更正处理；行政处罚决定被依法撤销的，行政处罚决定部门应及时告知信用网站撤下相关信息。变更或撤销信息将通过自治区社会信用信息平台共享至国家企业信用信息公示系统（内蒙古）。

健全行政处罚信息公示信用修复机制。行政处罚信息在公示网站公示期限为一年的，行政相对人可在最短公示期 3 个月后向公示网站申请信用修复。申请人须向网站提供相关身份材料和已履行行政处罚材料等，公开作出信用修复承诺，并经公示网站核实情况后，撤下相关公示信息。对未能履行信用修复承诺的行政相对人视情节严重程度实施失信惩戒。属于严重失信行为或在信用修复后一年内再次受到行政处罚的，不予信用修复。法律法规、规章有相关规定的，从其规定。

社会信用体系建设牵头部门要严格落实《失信行为纠正后的信用信息修复管理办法（试行）》，明确信用修复工作负责人，压实责任，并对信用修复审核人员加强岗前培训，避免出现超期受理、超期审核、信息同步不及时等情况。

5 加强个人隐私和信息安全保护

保护个人隐私。明确个人信息查询使用权限和程序，做好数据库安全防护工作，建立完善个人信息查询使用登记和审查制度，防止信息泄露。对故意或因工作失误泄露个人隐私信息的，要依法严格追究相关单位和人员的责任。

保障信息安全。有关部门和单位要建立健全并严格执行保障信息安全的规章制度。严格按照相关法律法规，贯彻落实网络安全等级保护制度，加大对“信用中国”网站、全国信用信息共享平台、各地各部门信用信息系统、信用服务机构数据库等的监管力度，保障信息主体合法权益，确保国家信息安全。对于涉及企业商业秘密和个人隐私的信息，发布前应进行必要的技术处理。

（二）履行惠民便企政策和承诺 依法保护相对人权益

各级党政机关、事业单位建立健全公开承诺制度，把政府依法作出的政策承诺、签订的各类合同协议的兑现和履约情况纳入政府绩效考评指标体系，依法依规保护投资企业及投资者权益。

组建政策服务专班，建立共性疑难问题会商解决机制，定期对公共政策兑现和政府履约践诺疑难复杂问题进行分析诊断，推动问题解决。

典型案例

通辽市科尔沁区大力推行政府采购项目“双向承诺 + 信用管理” 为进一步优化营商环境提供保障

2023 年，通辽市科尔沁区在政府采购信息报与政府采购信息网联合举办的“18 届政府采购监管大会暨政府采购 20 周年庆典”上，获得“全国政府采购百强区（市、县）（2022—2023 年度）”荣誉称号。科尔沁区财政局以“优化财政工作流程”为抓手，以“手续最简、环节最少、成本最低、效率最高”为目标，在聚焦“数字赋能”、打造“智慧采购”，聚焦“时限压缩”、打造“效能采购”，聚焦“职能转变”、打造“信用采购”，聚焦“公开透明”、打造“阳光采购”，聚焦“惠企利民”、打造“温情采购”，聚焦“监督约束”、打造“法治采购”等“六个聚焦”方面，深入推进政府采购工作，在政府采购项目中采用“双向承诺 + 信用管理”等方式，提高采购效率，优化采购服务，进一步优化了营商环境，切实增强了企业和群众在政府采购领域的政策感知度和服务获得感。

文章来源：通辽市科尔沁区人民政府网站（有改动）

案例启示

切实履行惠民便企的政策和承诺，以实际行动维护政府公信力，依法依规保护投资企业的合法权益。通辽市科尔沁区大力推行政府采购项目“双向承诺 + 信用管理”，为进一步优化营商环境提供了保障。具体经验做法包括以下几点。

1 完善政府采购诚信体系

聚焦“数字赋能”，打造“智慧采购”。积极推动政府采购全流程电子化，推行“不见面采购”模式常态化，现阶段不见面开标率为 100%。在全市范围内率先开展副场评审工作，为全市旗县区交易中心之间实现远程异地评审工作提供便利条件。

2 建立政府采购方面的政务诚信责任制

印发《科尔沁区政府采购指标专项提升行动实施方案》，构建以科尔沁区财政局政府采购股为政策制定传达中心的“1 个中心”职责体系，通过设置专职联系人，定向督促“N 个预算单位”严格执行 4 个“1 日内”和 2 个“10 日内”提升政策。加快资金支付，对于达到支付条件的项目最快 1 日内拨付至供应商账户；受理政府采购投诉，10

个工作日内完成处理并公示处理结果。

3 大力推行“双向承诺 + 信用管理”

以标准统一、内容明确的承诺函代替证明材料，最大化降低供应商编制投标文件的压力和参与政府采购活动的交易成本。同时，通过线上线下培训宣传，营造政府采购诚信氛围。

4 加强政府采购领域政务诚信建设，完善政府采购管理交易系统，提高政府采购活动透明度

印制《政府采购项目全流程操作指南》，对从采购预算编制到支付资金、采购文件保存的 16 个流程内容进行明确。按照《关于开展政府采购全流程信息公开工作的通知》，制定采购预算公开、采购意向公开等 9 个环节公开模板。年度采购项目意向公开全部满足30日系统统一固定设置，公开率 100%。

5 推进惠民便企政策的有效落实

落实中小企业价格扣除。鼓励约定预付款，到 2023 年 8 月执行预付款比例达 33.4%。在“政采贷”业务方面，根据供应商需求，到 2023 年 8 月已完成 2 笔合同融资，总金额为 280 万元。落实面向中小企业预留采购份额的举

措，推广使用“832”农副产品采购平台。

6 加强对采购人在项目履约验收环节信用情况的监督

一方面依法处理采购人及有关责任人在政府采购活动中的违法违规失信行为，另一方面建立失信线索监测发现督办机制。通过民营企业沟通交流机制、大数据监测、选取有代表性的民营企业建立监测点等方式，加大政府失信线索监测发现力度，持续跟踪办理情况。开展“科尔沁区2023 年加强政府采购监管优化营商环境专项督查”，整理督察材料 300 余份。通过自查方式开展政府采购代理机构检查，联合科尔沁区市场监督管理局、税务局开展“双随机、一公开”检查，对采购代理机构现场纠正执法不规范等问题，有效保护投资企业的合法权益。

（三）完善政务诚信诉讼执行协调机制

强化政府失信预防，落实院府联动机制，依法履行生效司法裁判文书确定的义务，将拒不履行人民法院生效裁判的行政机关负责人纳入失信被执行人名单。

典型案例

为进一步优化法治化营商环境，全面加强政务诚信制度落实，更好发挥法治政府引领作用，兴安盟突泉县人民法院出台《关于建立政务诚信诉讼执行协调、政务失信共享机制的实施方案》，采取了一系列立、审、执措施助推政务诚信工作建设。其中，在执行工作方面建立了《执行督促履行协调机制》，旨在通过思想引导、法律释明等非强制方式，必要时也可采取相应强制措施督促被执行单位在短期内履行法律义务，使人民群众合法权益及时兑现。

2023 年 3 月，突泉县人民法院执行局通过运用已建立的《执行督促履行协调机制》，成功快速执行完毕了一起涉府案件。腾某申请执行科尔沁右翼中旗某镇政府行政赔偿一案，申请执行金额 72.6 万元，在法院作出判决生效后，被执行单位一直未予履行，申请人腾某于 2023 年 1 月来突泉县人民法院申请执行。承办法官受理此案后，通过联系协商案件双方，给予被执行单位一个月宽限期用于协商筹措资金，在此期间定期向被执行单位督促了解进展情况，但宽限期内被执行单位一直未予履行。随即承办法官启动强制执行程序，依法冻结被执行单位银行账户，经近一个月时间，账户入账额度满足了申请执行金额，承办法官依法将此笔款项进行划扣，此案仅用时2个月便全部执行完毕。

文章来源：内蒙古兴安盟中级人民法院公众号（有改动）

案例启示

政府诚信诉讼执行协调机制需要人民法院和政府同向发力。区内外各级人民法院通过出台相关政务诚信诉讼执行协调实施方案，探索建立政务诚信诉讼执行协调机制，由地方人民法院定期将涉及政府部门、事业单位失信被执行人信息定向推送给营商环境主管部门。营商环境主管部门负责协调推动有关单位执行人民法院判决结果，保障市场主体合法权益。

1 确定协调范围，厘清职责边界

明确政务主体的定义和协调范围，确定营商环境主管部门负责协调、监督并将失信被执行人信息纳入公共信用信息平台，人民法院负责政务失信信息的推送和删除的工作职责，为进一步畅通政府与人民法院沟通渠道，推动政府行政部门与人民法院同向发力、形成合力提供保障。

2 外延共享信息，前移监督端口

以数据信息共享为支撑点，以政务诚信风险预警为落脚点，重在政务失信的预防，兼顾政务失信的治理和政务诚信的修复。明确生效判决通报和失信被执行人名单月推送制度。人民法院自作出政务主体具有履行义务的判决文书生效之日起 3 个工作日内将相关信息推送给营商环境主管部门，营商环境主管部门依职权采取督办、约谈、通报、曝光等一系列监督手段，形成工作闭环，督促履行生效法律文书，让政务失信行为终结在协调监督过程中，最大可能减少执行案件的发生。对于整治不力、变相拖延，导致被列入失信被执行人名单的政务主体，直接移送有关机关问责。

3 府院协同联动，多元化解纠纷

营商环境主管部门收到法院推送的生效判决和失信被执行人信息后，要及时分类统计，建立台账，在法治框架内协调政务主体及时履行义务或者组织政务主体与权利人进行协商解决纠纷。通过“府院联动”，建立政府和有关部门、司法机关调解、诉讼相衔接的纠纷解决机制，充分发挥行政监督与人民法院调解职能，为减少市场主体诉讼成本，有效推动矛盾化解和纠纷解决提供新路径。

4 定期会商通报，完善工作机制

明确各级营商环境主管部门与同级人民法院定期会商制度，沟通政务诚信诉讼协调工作情况，研究存在问题及解决办法，不断健全完善诉讼执行协调工作机制。相关监督部门每年要对全区政务诚信诉讼执行协调情况进行一次内部通报，督促各级政府守信践诺。

三、开展失信问题专项治理

（一）加强重点领域的政务诚信规制

在招商引资、政府债务清偿、公共资源交易、工程建设等重点领域，组织开展政府不兑现承诺、新官不理旧账、轻诺寡信、宰商骗商、违约毁约等失信行为大排查、大起底，全面梳理公共政策未兑现、协议合同未履行、政府和国有企业拖欠民营企业和中小企业账款情况。建立问题清单，纳入政务诚信信息管理平台。对未按约定履约践诺的，严重破坏经济社会秩序、影响民营企业发展信心、群众反映集中的突出问题，列出清单、挂牌督办、逐项销号。选取失信情形恶劣的典型案例在主流媒体上曝光。

开展政府失信行为大排查、大起底，充分运用信用监管服务体系。整合各类投诉举报平台，打通数据壁垒，加强 12345 政务服务便民热线与政府失信违约投诉窗口、96888 民营企业服务热线、违约拖欠中小企业款项登记(投诉)平台、“蒙企通”平台等受理渠道的互联互通，整合建立政务诚信信息管理平台。加强各部门单位信息系统与自治区社会信用信息平台数据共享，提高服务群众效率。

典型案例

2011 年 9 月，甲环保科技公司与某县人民政府签订协议，约定双方共同投资实施城市生活垃圾处理工程项目。至 2012 年，该项目因故没有实际建设也没有投入运营，处于中止状态。2015 年 6 月，某县人民政府授权该县城市管理局与乙公司签订了《生活垃圾焚烧热电联供厂BOO项目特许经营协议》（以下简称《特许经营协议》），由该公司的子公司特许经营垃圾焚烧热电联供厂。项目现已实际投产运营。甲环保科技公司提起诉讼，请求确认某县人民政府授予乙公司的子公司生活垃圾焚烧热电联供特许经营权的行为违法，并予撤销。另，在本案二审审理期间，某县人民政府确认就《特许经营协议》所涉特许经营项目在缔约前未向公众及相关利害关系方进行告知或发布招投标文件等。乙公司确认在《特许经营协议》所涉特许经营项目方面存在行业竞争对手。

经法院审理认为，根据《基础设施和公用事业特许经营管理办法》第三条、第十五条等条款的规定，行政机关在缔结公用事业特许经营类别的行政协议时，应当履行先契约义务，以公平竞争方式选择缔约人进行缔约。这是法律的强制性要求。《特许经营协议》的缔结系通过非公平竞争方式进行，缺乏法律依据，明显违反法律的强制性规定，构成《中华人民共和国行政诉讼法》第七十五条规定的重大且明显违法情形，应属无效，故判决确认《特许经营协议》无效，并同时判决某县人民政府依法采取补救措施，履行行政管理和服务职能，保障持续、稳定、安全地提供与《特许经营协议》所涉特许经营项目相关的公共产品及公共服务。

文章来源：中华人民共和国最高人民法院网站，甲环保科技公司诉某县人民政府行政协议案（有改动）

案例启示

维护统一的公平竞争制度，强化市场基础制度规则统一，是充分发挥市场在资源配置中决定性作用，促进商品要素资源在更大范围内畅通流动的重要保障，也是产权平等保护、确立竞争政策基础地位和推进供给侧结构性改革的前提。在缔结和履行行政协议过程中，依法保障和实现公平竞争，保护缔约人和潜在缔约人合法权益，对于构建全国统一大市场具有重要意义。本案中，涉案特许经营项目存在行业竞争对手，行政机关在缔约前未以公平竞争方式选择缔约人，未做到对各类市场主体一视同仁、平等对待。人民法院通过强化公平竞争在行政协议，尤其是政府特许经营协议缔结过程中的基础性地位，明确了行政机关依法实现产权平等保护、维护统一公平竞争制度的职责。

对重点领域的政府承诺事项未按约定履约践诺应该怎么办?

1 设立政府违约失信投诉专栏

在“信用中国(内蒙古)”网站开设“政府违约失信投诉”专栏，受理、归集全区范围内涉及各级政府部门的违约失信投诉。违约失信范围包括政府部门（含机关和事业单位）在政府采购、招标投标、招商引资、政府与社会资本合作、产业扶持、政府投资等领域与民营企业签订的各类协议、合同中的违约毁约行为。

2 畅通各类政府违约失信投诉渠道

12345 政务服务热线、“蒙企通”平台、自治区网上信访智能辅助平台、96888 民营企业服务热线等渠道同步设立或利用现有政府违约失信投诉机制，受理管辖范围内的政府违约投诉。各盟市信用门户网站同步设立“政府违约失信投诉”专栏，投诉人可通过专栏点击跳转至“信用中国（内蒙古）”网站的“政府违约失信投诉”专栏。

3 加强政府违约信息共享

依托自治区社会信用信息平台，全面接收、更新、共享和上报各投诉受理部门报送的政府违约失信行为信息。各类投诉受理系统应当与自治区社会信用信息平台实现互联互通，于每日 16 点前按照国家发展和改革委员会相关字段标准更新相关投诉信息。自治区发展和改革委员会于每日 18 点前向国家发展和改革委员会更新上报我区政府违约失信相关投诉信息，并实时向各投诉受理部门、核实认定部门和各级行业主管部门推送已认定的政府违约失信行为信息。

4 加强对政府签订合同信息的归集

依托自治区合同履约信用监管系统，对政府与民营企业签订的合同履约信息进行全面归集共享、动态跟踪和分析处置，归集范围为所有已履行完成及未履行完成的合同。重点归集领域包括政府采购、公共资源交易、工程建设、政府招商引资、政府债务清偿以及电力、煤炭、天然气中长期合同等。各地各部门应当向自治区合同履约信用监管系统报送合同信息。合同履约信息归集遵循归口管理原则，由合同签订双方中的行政事业单位或行业主管部门（电力、煤炭、天然气领域）负责合同履约信息的及时报送和更新工作。

5 加强政府和社会资本合作领域政务诚信建设，探索政府合同履约全流程闭环监管新模式

加快打造公开透明的政府合同履约管理体系，建立合同履约监管协同机制、政府违约责任追究机制、评价监督双向互评机制，营造全流程的政府合同履约监管闭环链。通过政府合同履约监管，加快提升政府履约合同预警和风险防范能力，破解新官不理旧账难题。加快建立合同履约监管系统，推动政府合同全上平台。

6 构建高效的政府履约服务生态圈

依托“数据赋能”提升合同履约与监管的精准化和智慧化水平。灵活运用人工智能技术，实现合同全生命周期的智能识别、智能提取、智能预警、智能分析，自动提醒合同承办人履约关键节点和风险，预防政府合同执行不力的问题，实现备案合同的智能体检与评估结果监测预警，切实提升监管效率。进一步规范数据归集处置流程，构建多维风险预警模型，实现数据信息全程跟踪，风险环节全链预警。进一步加强数字政府建设，提高政务服务质量和效率，助推营商环境提档升级。

（二）健全守信激励与失信惩戒制度

守信激励和失信惩戒机制是社会信用体系建设的核心机制，对于弘扬社会主义核心价值观，构建以信用为核心的新型市场监管体制，进一步推动简政放权和政府职能转变，营造公平诚信的市场环境，提高社会治理能力，都有重要的支撑作用。

“违约必究，失信必惩”，彻底打消个别地方政府和部门毁约失信的无所谓心理。全面健全政务信用记录，充分用好发展改革系统失信惩戒措施“工具箱”。坚持培育先进与治理失信相结合，对影响恶劣、严重侵害企业和群众权益的政府失信行为，加大曝光和惩处力度。

1. 建立健全政务失信记录

一是建立健全政务失信记录，应将各级人民政府和公务员在履职过程中，因违法违规、失信违约被司法判决、行政处罚、纪律处分、问责处理等信息纳入政务失信记录。

二是各级社会信用体系建设牵头部门负责政务

失信记录的采集，将有关记录逐级归集至全国信用信息共享平台和各地方信用信息共享平台。畅通违约失信投诉渠道。各级社会信用体系建设牵头部门依托本级信用网站、本地12345政务服务热线、营商环境投诉举报平台、信访部门等渠道建立或完善违约失信投诉专栏，受理、归集本辖区涉及政府部门（含机关和事业单位）的违约失信投诉。社会信用体系建设牵头部门要加大政府信用信息归集力度。全面归集各级行政事业单位及公职人员的基础信息、

增信信息、一般失信信息、严重失信信息、风险提示信息五类公共信用信息。自治区各级行政事业单位应及时报送本部门及其公职人员的信用信息，实现包括政务信用信息在内的公共信用信息的全量归集和资源共享。

三是各级社会信用体系建设牵头部门依托“信用中国”网站等平台依法依规逐步公开各级人民政府及部门和公务员政务失信记录。按照统一标准将经认定的违约失信信息实时共享至全国和地方信用信息共享平台，以失信公开推动政府部门更加注重依法行政、守信践诺。

2. 建立守信激励和失信惩戒机制

充分运用信用激励和约束手段，加大对诚信主体激励和对严重失信主体惩戒力度，让守信者受益、失信者受限，形成褒扬诚信、惩戒失信的制度机制。

坚持奖惩并举，将守信激励和失信惩戒摆在同等重要的位置。注重宣传报道守法诚信、优良的政府部门和公务员；制定相关制度和措施，对于诚信事迹突出并受到表彰奖励的政府部门和公务员予以守信激励，作为评优评先、调任选任和岗位晋升等的重要参考依据。同时，建立失信惩戒机制，推动同级政府部门积极执行职能范围内各类失信惩戒措施，包括但不限于限制政府资金支持、限制申请扶持政策、取消评优评先、限制参加政府采购等，实现失信必惩。

通过自治区社会信用信息平台或“信用中国（内蒙古）”网站等渠道查询各级行政事业单位的信用记录，定期向社会公布严重失信单位名单。各地各部门存在政务失信记录的，要根据失信行为对经济社会发展造成的损失情况和社会影响程度，对具体失信情况书面说明原因并限期加以整改，按规定限制预算内资金支持、限制地方政府专项债券申请、限制各类融资项目推荐。对于存在政府失信记录的地级以上城市，取消发展改革系统的评优评先和试点示范资格，加大城市信用监测扣分权重，取消社会信用体系建设示范区称号或参评资格，并予以公开通报批评。对造成政务失信行为的主要负责人依法依规给予警告、记过、记大过、降级、撤职、开除处分。

对存在政务失信记录的公务员，按照相关规定采取限制调任选任、评优评先、岗位晋升等处理措施。对于积极纠正政务失信行为、弥补当事人损失、积极消除不良影响的公务员，可视情况依法依规予以从轻、减轻或免予、不予惩戒。

建立月点评、月通报机制。按照问题发生率、解决率、满意率等，对政府及部门失信行为整改情况每月进行总结梳理、分析评价，对积极履约践诺的先进典型进行表扬宣传，对落后地区和单位进行批评约谈。

完善政务信用信息保护机制，按照法律法规规定采集各级人民政府和公务员政务失信记录的同时，建立健全信用权益保护和信用修复机制。

建立健全信用信息异议、投诉制度，扩展公务员失信记录信用修复渠道和方式。各级政府不断完善信用修复机制，鼓励“知错就改”，建立自我纠错、主动自新的关爱机制。

各级社会信用体系建设牵头部门要协调指导辖区内失信主体信用修复工作，经认定部门确认已纠正失信行为、完成履约的，要及时修复相关失信记录，终止对其实施失信惩戒措施。

3. 建立健全政务诚信监督机制

一是建立政务诚信专项督导机制。上级人民政府要定期对下级人民政府进行政务诚信监督检查，实施政务诚信考核评价，考评结果作为对下级人民政府绩效考核的重要参考。建立完善包括依法行政、政务公开、勤政高效、守信践诺等内容在内的统一的政务诚信评估标准，对下级人民政府开展季度监测和年度评估相结合的政务诚信评价工作。按照自治区党委和政府年度绩效考核指标相关要求，开展政务诚信年度考核，聚焦政务诚信建设重点、难点问题，督促各地各部门积极整改。建立重点领域、重要岗位和关键环节的风险排查和监督检查机制。

纪委监委针对存在政务失信隐患的部门及人员，建立提醒、警示、约谈等处置机制。

二是建立横向政务诚信监督机制。各级人民政府要依法接受同级人大及其常委会的监督，接受人民政协的民主监督。定期向同级人大及其常委会、政协通报政务诚信建设推进情况。同时将办理和落实人大代表建议、政协委员提案的情况作为政务诚信建设的重要考量因素。

三是建立社会监督和第三方机构评估机制。加强政务诚信建设需要充分发挥社会舆论监督作用，畅通民意诉求渠道，对政务失信行为进行投诉举报。实施区域政务诚信大数据监测预警。支持信用服务机构、高校及科研院所等第三方机构对各地各部门进行政务诚信评价评级并及时公布结果，加强社会监督，推动政务诚信建设。

典型案例

巴彦淖尔市加强政务诚信建设，明确政务诚信评价标准，加强政务诚信监督、考核、信用奖惩机制等制度建设，积极开发政务诚信监测系统，制定旗县区政务诚信评价指标，从依法行政、政务公开、勤政高效、守信践诺、宣传教育等方面开展旗县区政务诚信评估，共设立5个一级指标、24个二级指标，优化了政务诚信评价系统，按季度、按年对各旗县区开展政务诚信监测评估工作，以评促改，提升各地政务诚信水平。

通辽市经济技术开发区引入第三方监督监测机构，通过现场检查、明察暗访、交办督办等方式集中发力，倒逼各行政审批部门提升政务服务效能，为优化营商环境提供高效保障。在通辽市的各个政务服务大厅，一进门的显眼位置和各个办事窗口，都摆放有纪检监察部门的投诉举报二维码。办事企业工作人员、办事群众在办理事项过程中，可随时扫描二维码，举报破坏营商环境的行为，一旦查证属实，将启动追责问责程序，并在全市进行通报。

文章来源：《内蒙古日报》2023年11月28日、2022年9月19日

案例启示

健全政务失信投诉举报机制。充分发挥12345、12388等行政投诉热线以及网站、公众号、App等现有投诉举报平台作用，进一步拓宽政务失信问题线索的获取渠道，加大对政务失信行为的监督治理力度。从严落实主体责任，对存在新官不理旧账、违约毁约、恶意竞争、欺商骗企、设租寻租、盲目招商、违规举债、拖延审计、恶意拖欠工程款等失信行为的，以及因重大政策执行不力、决策失误、滥用职权、有令不行、有禁不止造成重大损失、恶劣影响的，依法依规追究相关责任人责任。

1 开展政务诚信监测评价

建立政府部门政务诚信监测评估机制和指标体系。开展年度监测工作，以评促改，提升政务诚信水平。同时建立失信线索监测发现督办机制。持续加大政府失信线索监测发现力度，按所属地“即发现即转交”并挂牌督办，持续跟踪办理情况。各级社会信用体系建设牵头部门参照建立相应机制，通过多种渠道及时发现和处置失信行为。

2 定期开展评估通报

对违约失信投诉处置和认定效率、信用信息归集质量、失信惩戒措施等重点工作，通过抽查、委托第三方调查、交叉检查等多种方式开展评估，定期向自治区社会信用体系建设牵头部门通报情况并抄送自治区人民政府。各级社会信用体系建设牵头部门参照建立评估通报机制。

3 曝光一批典型案例

选取一批失信情形严重、多次反复失信、人民群众反映强烈的失信案例，在“信用中国（内蒙古）”网站予以公示并通过新闻媒体向社会曝光，形成强大舆论震慑。

（三）健全防范新增拖欠账款长效机制

重点推进自治区清理拖欠企业账款专项行动，建立防范新增拖欠的长效机制，从根本上解决企业账款拖欠问题。

典型案例

2023 年 9 月 26 日，内蒙古自治区政府再融资一般债券（九期至十一期）信息披露，三期债券拟发行总金额 663.2 亿元。信息显示，此次发行的三期债券，用途均明确为偿还不同时期“政府负有偿还责任的拖欠企业账款”。这被市场解读为是“拉开新一轮万亿级特殊再融资债券的序幕”，也意味着千头万绪的地方政府隐性债务化解工作，迈出了坚实的一步。

文章来源：学习强国 2023 年 10 月 26 日

2024 年 1 月 30 日开幕的内蒙古自治区十四届人大二次会议上发布的政府工作报告显示，2023 年内蒙古清偿拖欠企业账款 1293 亿元，为企业解决了一批土地厂房产权手续问题。

文章来源：学习强国 2024 年 1 月 31 日

案例启示

民营经济是社会主义市场经济发展的重要成果，是推动社会主义市场经济发展的重要力量。党的二十大报告提出：“优化民营企业发展环境，依法保护民营企业产权和企业家权益，促进民营经济发展壮大。”习近平总书记指出：“发挥政府作用，不是简单下达行政命令，要在尊重市场规律的基础上，用改革激发市场活力，用政策引导市场预期，用规划明确投资方向，用法治规范市场行为。”

打造“有为政府”，多措并举解决自治区拖欠企业账款问题，为自治区民营企业的发展提振了信心底气。

1 建立拖延支付民营企业、中小企业账款的预防机制

开展宣贯解读。全区广泛开展《保障中小企业款项支付条例》宣传、培训、解读和政策咨询，扩大政策知晓率。加强对失信行为的社会性约束，在全社会形成不敢欠、不能欠、不想欠的社会氛围，有效保护民营企业、中小企业合法权益。

强化预算约束。政府投资项目要严格履行审批手续，未经批准或者不符合规定建设条件的，不得开工建设。政府投资项目所需资金要确保足额到位，不得由施工单位垫资建设。机关、事业单位要严格按照批准的预算执行采购和付款，不得无预算、超预算开展采购。

设定最长付款期限。机关、事业单位采购民营企业、中小企业货物、工程、服务，应当自交付之日起30日内支付账款，合同另有约定的，付款期限最长不得超过60日。大型企业采购民营企业、中小企业货物、工程、服务，要按照行业规范、交易习惯，合理约定付款期限并及时支付

账款；合同规定按照进度结算、定期结算等方式结算的，付款期限应当自双方确认结算金额之日起算。

明确验收期限。机关、事业单位和大型企业与民营企业、中小企业约定以检验或者验收合格作为支付账款条件的，自检验或者验收合格之日起计算付款期限。合同双方要约定明确、合理的检验或者验收期限，并在期限内完成检验或者验收。拖延检验或者验收的，付款期限自约定的检验或者验收期限届满之日起算。

2 建立及时支付民营企业、中小企业账款的保障机制

禁止变相拖欠。机关、事业单位和大型企业不得强制民营企业、中小企业接受商业汇票等非现金方式支付，除法律、行政法规或者合同另有规定外，不得强制要求以审计机关的审计结果作为结算依据；不能以法定代表人或者主要负责人变更，未完成内部付款流程，或者合同未约定以等待竣工验收批复、决算审计等为由，变相拒绝或者延长付款期限。

规范保证金收取。机关、事业单位和大型企业不得将保证金限定为现金，除依法设立的投标保证金、履约保证

金、工程质量保证金、农民工工资保证金外，工程建设中不得收取其他保证金。保证金收取比例要符合国家有关规定，保证期限届满后，要及时返还保证金。允许民营企业、中小企业以金融机构保函等非现金方式提供保证。

加强服务指导。鼓励法律服务机构为民营企业、中小企业提供法律培训和咨询服务，在合同拟定、权益保护等方面提供服务和指导，提高民营企业、中小企业风险防范和依法维权意识，降低民营企业、中小企业交易成本和风险。引导行业协会商会完善行业自律，禁止本行业大型企业拒绝或延迟支付民营企业、中小企业账款，及时承担其履行支付民营企业、中小企业账款义务。

3 建立拖延支付民营企业、中小企业账款的惩戒机制

实行最低逾期利率。机关、事业单位和大型企业延迟支付民营企业、中小企业账款，要按照合同约定的利率标准支付逾期利息，利率不得低于合同订立时一年期贷款市场报价利率；未作约定的，按照每日利率万分之五支付逾期利息。

强制信息披露。机关、事业单位要在每年 3 月底前将

上一年度逾期尚未支付民营企业、中小企业账款的合同数量、金额等信息向社会公开。大型企业要将逾期尚未支付中小企业款项的合同数量、金额等信息纳入企业年度报告，通过企业信用信息公示系统向社会公示。

实施联合惩戒。对拒绝或拖延支付民营企业、中小企业账款的机关、事业单位，压减部门预算，降低公务出行标准，严控一般性支出和“三公”经费。机关、事业单位和大型企业拖延支付民营企业、中小企业账款的，情节严重的要纳入自治区社会信用信息平台，并向社会公示，依法实施失信联合惩戒。建立拖欠民营企业、中小企业账款“黑名单”制度，公开曝光失信主体。

4 建立及时支付民营企业、中小企业账款的督查督办机制

开展多层次监督。各级人民政府要对及时支付民营企业、中小企业账款工作进行监督检查。审计部门要依法对机关、事业单位和国有大型企业支付民营企业、中小企业账款情况进行审计监督。新闻媒体要加强对机关、事业单位和大型企业拖延支付民营企业、中小企业账款行为的舆论监督。各地各部门开展中小企业发展环境评估和营商环

境评价时，要将保障民营企业、中小企业账款支付工作情况纳入评估和评价内容。

强化责任追究。机关、事业单位拖延支付民营企业、中小企业账款的，由其上级机关、主管部门责令改正；拒不改正的，对直接负责的主管人员和其他直接责任人员依法给予处分；未按预算采购、要求施工单位垫资的，依法依规追究责任。大型企业未按照规定在企业年度报告中公示逾期尚未支付民营企业、中小企业账款有关信息或者隐瞒真实情况、弄虚作假的，由市场监督管理部门依法处理。

5 建立及时支付民营企业、中小企业账款的组织保障机制

加强组织领导。充分发挥促进中小企业发展协调机制和减轻企业负担机制的作用，加强监督检查。各级中小企业促进工作综合管理部门要对机关、事业单位和大型企业及时支付民营企业、中小企业账款工作进行宏观指导、综合协调，财政部门负责政府投资项目所需资金到位和预算执行，国有资产监督管理部门负责国有大型企业及时支付民营企业、中小企业账款管理工作，其他部门负责本部门及时支付民营企业、中小企业账款管理工作。旗县级以上

人民政府负责本行政区域内机关、事业单位和大型企业及时支付民营企业、中小企业账款的管理工作。

及时处理投诉。按照“属地管理、分级负责，谁主管、谁负责”的原则，受理处理拖欠民营企业、中小企业账款的投诉。自治区中小企业促进工作综合管理部门设立中小企业投诉举报电话，受理机关、事业单位和大型企业拒绝或延迟支付民营企业、中小企业账款的投诉。各盟行政公署、市人民政府、各旗县（市区）人民政府要建立投诉受理处理机制。处理投诉部门要自收到投诉材料之日起30日内将处理结果告知投诉人，并反馈给受理投诉的部门。

四、加强公职人员诚信教育

“人无忠信，不可立于世”，诚信是为人之道，是立身之本。公职人员作为国家机构的重要组成部分，担负着领导决策、行政管理、公共服务等重要职责，其诚信水平直接影响着政府的形象和行政效能。公职人员的诚信在社会信用体系建设中起着重要的引领示范作用，是社会诚信建设的核心关键，直接关系社会信用体系建设的成败。

（一）加强诚信教育宣传 树立党员诚信形象

聚焦“关键少数”，结合奖励干部担当作为，推动党员干部，特别是领导干部带头讲诚信、树形象。强化教育培训，将社会信用体系建设纳入公务员专题培训和领导干部进修课程。以社会主义核心价值观为引领，深入开展公务员诚信、守法和道德教育，加强公务员信用知识学习，提升公务员信用意识。

典型案例

叶金山：用诚实守信践行共产党员的初心使命

叶金山是阿拉善盟阿拉善左旗市容环境卫生中心新城区环卫队队长。作为一名老党员，他用自己的一举一动影响着身边群众对于党员的信任。在平时工作中，他时时刻刻、方方面面用党员标准严格衡量约束自己的言行，不断加强党性修养，按照党章的规定履行党员义务，无论是工作还是生活中力求率先垂范，发挥着一名党员的先锋模范作用。

他在环卫一线工作的30多年中，捡到过现金、手机、包、银行卡、身份证，热心归还失主10余次。每年的“双高”季节，辖区垃圾量猛增、室外温度高达30多度，他每天5点起床，到街道路面上指导清扫工清扫路面；8点钟他又监督清运工清运垃圾，到垃圾中转站、垃圾处理场等亲自督查；夜间，还要查看夜班工作，每天坚持工作10多个小时。他用自己的实际行动践行了一个共产党员诚实守信、爱岗敬业、热爱群众、无私奉献、拾金不昧的初心和使命。

文章来源：内蒙古自治区发展和改革委员会网站

通辽：激励担当作为 树立诚实守信形象

通辽市将保护和调动干部干事创业的积极性和主动性变成常态制度，旗帜鲜明地为改革者鼓劲、为实干者撑腰、为担当者担当、为负责者负责，有效激励了各地各部门干部担当作为、干事创业的热情。

通辽市坚持把干部担当作为的形象立起来、把讲诚信守信用的形象立起来、把真善美的形象立起来、把不拖拉的形象立起来、把办事有规矩的形象立起来作为推动跨越追赶、绿色转型、高质量发展的不竭动力。全市上下保持专注，持续用力，迅速凝聚起勇担当、重效率、讲原则、善作为、守信用的干事成事精气神。

文章来源：《内蒙古日报》2022 年 9 月 19 日

案例启示

大力宣传党员干部诚实守信典型案例。引导全体党员干部从本职工作做起，争做诚信个人，共建诚信文化，共塑诚信形象，营造知信、重信、用信、守信的良好氛围，打造尚诚守信的良好社会风尚。

将诚信建设列入各级党委（党组）理论学习中心组学习内容，纳入各级党校（行政学院）的培训课程。加强党员干部的政务诚信教育。

通过党支部集体学习会，组织党员干部集中观看政务诚信教育片或通过座谈等形式，进一步提升机关党员干部诚信意识，积极发挥党员干部诚信表率作用。

举办针对机关党组织书记、纪检干部、发展对象等不同主题培训班，进行政务诚信教育。

以“读书（周）月”“大讲堂”等活动为平台，将政务诚信教育融入日常。

邀请专家、领导以专题授课等形式进行诚信建设内容培训，引导机关党员干部提高诚信意识和诚信素养，自觉投身政务诚信建设。

通过在办公场所张贴、用宣传架或电子屏幕展示诚信标语等形式，弘扬诚信文化，营造守信氛围，引导公职人员树立诚信意识、强化诚信责任，严格履行政务诚信承诺，做遵纪守法、严格自律的诚信干部。

（二）开展公职人员诚信教育　完善公职人员诚信档案

加强公职人员招录、考核和奖励环节的信用核查，完善公职人员诚信档案建设。依法依规将公职人员个人有关事项报告、廉政记录、年度考核结果、相关违法违纪违约行为等信用信息纳入档案，将公职人员诚信记录作为任用、干部考核和奖惩的重要依据。

加强公职人员诚信教育，完善公职人员诚信档案相关制度。合理的制度建设有利于形成诚实守信法治环境，养成良好的信用秩序，维护政府公信力。通过编制公职人员诚信手册等形式，建立健全一系列针对公职人员诚信的相关制度。在公职人员调任选任、评优评先、岗位晋升以及人大代表、政协委

开展公职人员诚信教育

员资格审定等工作中完善信用核查制度。加大失信者成本，起到约束作用。

将公职人员年度考核结果（优秀等次）、表彰奖励情况等正面和违纪违法等负面信用信息纳入诚信档案。完善公职人员诚信档案，明确专人负责，定期更新完善，一人一档，档随人走。

健全信用核查机制，定期将公职人员诚信档案与平台查询结果进行比对，加强与纪委监委、法院、公安等部门沟通交流和信息共享，精准

掌握受处分、被采取强制措施、受行政刑事处罚、泄露工作秘密、因私出国（境）等信息，及时谈话提醒纠偏。

进行公职人员宣誓和签订诚信承诺书活动，并将承诺书在政府门户网站进行公开，接受社会监督。

延伸阅读>

习近平：《领导干部要认认真真学习 老老实实做人干干净净干事》，《学习时报》2008年5月26日。

后　记

深入贯彻落实党的二十大精神，在全面建设社会主义现代化国家新征程上奋力谱写内蒙古发展新篇章，需要营造良好社会氛围。通过推动“一个加强、四个提升”，使全区社会信用环境持续改善，全民讲诚信、重诚信、守诚信的氛围更加浓厚，进一步把内蒙古的正面形象立起来，夯实高质量发展的信用基石，对于全面构建与自治区高质量发展相适应的社会信用体系，持续优化全区营商环境和信用环境，具有十分重要的意义。

本书在编写过程中，得到了自治区有关部门和部分单位负责同志以及专家学者的大力支持。内蒙古工业大学、内蒙古财经大学、内蒙古警察职业学院、内蒙古鸿德文理学院等牵头负责相关章节的编写工作。自治区党委政法委员会、自治区政府办公厅、自治区发展和改革委员会、自治区公安厅、自治区司法厅、自治区商务厅、自治区市场监督管理局、自治区政务服务与数据管理局、自治区高级人民法院、自治区人民检察院、自治区工商联等提出了宝贵意见。

参加本书编写工作的有（按照政务诚信篇、商务诚信篇、社会诚信篇、司法公信篇排序）：迟占霞、杨宇烨、唐雅娟，段翀、贾秀敏，霍小菲、道日娜、李漠颖，罗威丽、康恩涛。内蒙古警察职业学院院长李永林、内蒙古社科院原院长李春林对本书编写提出了宝贵意见。

符雷同志主持了本书的编写工作。王晓平、王虎审改了全部书稿。布和、李莉、杜婧、张铭同志参与了起草、修改和统稿工作。王静、王曼、董丽娟、蔺小英、孙红梅、刘那日苏、吉雅负责书稿的编辑、排版工作。

由于编者水平有限，书中难免存在不足之处，恳请读者批评指正。

本书编写组

2024 年 3 月